Atrevi-me a chamar-lhe Pai

de BILQUIS SHEIKH *escrita por*
Richard Schneider

ATREVI-ME A CHAMAR-LHE PAI

Tradução
JOÃO BATISTA

EDITORA VIDA
Rua Conde de Sarzedas, 246 — Liberdade
CEP 01512-070 — São Paulo, SP
Tel.: 0 xx 11 2618 7000
atendimento@editoravida.com.br
www.editoravida.com.br
@editora_vida /editoravida

ATREVI-ME A CHAMAR-LHE PAI
©1978, de Bilquis Sheikh & Richard Schneider
Título do original: *I Dared to Call Him Father*
Edição publicada por WORD BOOK

■

Todos os direitos desta edição em língua portuguesa são reservados e protegidos por Editora Vida pela Lei 9.610, de 19/02/1998.

É proibida a reprodução desta obra por quaisquer meios (físicos, eletrônicos ou digitais), salvo em breves citações, com indicação da fonte.

■

Exceto em caso de indicação contrária, todas as citações bíblicas foram extraídas da *Nova Versão Internacional* (NVI)
© 1993, 2000, 2011 by International Bible Society, edição publicada por Editora Vida.

Todos os direitos reservados.

Todas as citações bíblicas e de terceiros foram adaptadas segundo o Acordo Ortográfico da Língua Portuguesa, assinado em 1990, em vigor desde janeiro de 2009.

■

As opiniões expressas nesta obra refletem o ponto de vista de seus autores e não são necessariamente equivalentes às da Editora Vida ou de sua equipe editorial.

Os nomes das pessoas citadas na obra foram alterados nos casos em que poderia surgir alguma situação embaraçosa.

Todos os grifos são do autor, exceto os indicados.

Editora responsável: Gisele Romão da Cruz Santiago
Revisão de provas: Josemar de Souza Pinto
Projeto gráfico: Efanet Design
Diagramação: Efanet Design e Claudia Fatel Lino
Capa: Neriel Lopes

1. edição: 1987
2. edição: nov. 2009 (Acordo)
1ª *reimpr.*: ago. 2012
2ª *reimpr.*: maio 2014
3ª *reimpr.*: ago. 2015
4ª *reimpr.*: fev. 2017
5ª *reimpr.*: jan. 2018
6ª *reimpr.*: out. 2023

Dados Internacionais de Catalogação na Publicação (CIP)
(Câmara Brasileira do Livro, SP, Brasil)

Sheikh, Bilquis
    Atrevi-me a chamar-lhe Pai / Bilquis Sheikh, Richard Schneider; [tradução João Batista] — 2. ed. — São Paulo: Editora Vida, 2009.

    Título original: *I Dared to Call Him Father*.
    ISBN 978-85-383-0153-0

    1. Convertidos — Biografia 2. Fé 3. Vida Cristã I. Sheikh, Bilquis. II. Schneider, Richard. III. Título.

09-11073   CDD-248.2460924

Índices para catálogo sistemático:

1. Convertidos islâmicos: Biografia   248.2460924
2. Islâmicos convertidos: Biografia   248.2460924

Ao meu neto Mamude
meu pequeno companheiro de oração que me tem sido
uma fonte de alegria e conforto nas muitas horas de solidão.

Índice

Prefácio 9

1. Uma assombrosa presença 15
2. O estranho livro 27
3. Os sonhos 35
4. O encontro 41
5. A encruzilhada 57
6. Aprendendo a encontrar sua presença 65
7. O batismo com fogo e com água 75
8. Havia proteção? 87
9. O boicote 101
10. Aprendendo a viver na glória 113
11. Ventos de mudança 133
12. Tempo de semear 141
13. Avisos de tempestade 153
14. A fuga 173

Epílogo 185

Prefácio

O que mais me impressionou em madame Bilquis Sheikh do Paquistão foram seus grandes, expressivos e luminosos olhos. Neles vi a dor, a compaixão e a rara sensibilidade ao mundo espiritual.

Uma senhora de misteriosa idade, com amostras de cabelos brancos, usava um lindo sari com dignidade e graça. Ao seu redor, um ar inconfundível de ter nascido para a riqueza e posição. Sua voz tinha o timbre mais profundo e ressonante que eu já ouvira numa mulher.

Nosso primeiro encontro deu-se no salão de jantar, com paredes espelhadas, de um restaurante de Bel Air, na Califórnia. Nesse dia, ouvi o esboço da espantosa história de madame Sheikh. As aventuras de muitos outros podem, talvez, igualar-se à dela em conteúdo dramático, mas poucas a igualariam em um aspecto: raramente o Deus soberano interrompe o fluxo da história a fim de descer e revelar-se a um ser humano de maneira tão inequívoca como o fez a ela. O elemento da iniciativa divina era tão espantoso que lembra a experiência de Saulo de Tarso na estrada de Damasco. Ao ouvir o relato desses acontecimentos extraordinários, convenci-me de que essa história devia ser apresentada ao mundo.

Dois anos se passaram desde aquele primeiro encontro. Naquele dia, eu não podia saber que Bilquis Sheikh havia de tornar-se não somente uma amiga querida, mas uma verdadeira mãe no Senhor para mim.

À medida que os acontecimentos se desdobravam e uniam nossas vidas, descobri uma mulher que possui uma única paixão — ser um catalisador a fim de mediar o Senhor, a quem ela ama, a todo coração faminto que encontrar. Para tornar isso possível, o mesmo Senhor deu-lhe dons especiais de percepção espiritual e de conhecimento.

Certo dia, em outubro de 1976, Bilquis telefonou-me, na Flórida, de sua casa na Califórnia.

— Veio-me ao espírito a impressão de que você está preocupada com alguma coisa. O que é e como posso ajudar?

Fiquei espantada com a percepção dela.

— Você está certa, *estou* perturbada — disse-lhe eu. — Acabo de saber que devo sofrer uma intervenção cirúrgica importante. O médico parece um tanto alarmado, mas...

Depois de reunir todos os fatos, madame Sheikh disse que buscaria a palavra de Jesus a respeito disso e desligou. A essa altura, eu já sabia que, sempre que minha amiga dizia que iria orar por alguma coisa, isso significava que ela estaria ajoelhada perante ele, às vezes por horas a fio.

Ela telefonou-me no dia seguinte. Através da distância, sua voz transmitia segurança.

— Você não tem nada de que temer. A operação terá sucesso em todos os aspectos, e o médico descobrirá que nada é maligno.

E foi exatamente isso que aconteceu.

Em outra ocasião, Bilquis telefonou a Dick e Betty Schneider na Virgínia. Embora Dick estivesse trabalhando com afinco no manuscrito de *Atrevi-me a chamar-lhe Pai,* não tivera contato pessoal com madame Sheikh por vários dias.

— Há algo errado com vocês dois — começou ela. — Há algum tipo de emergência. Digam-me o que é, queridos amigos.

E havia deveras! Os Schneider tinham dois filhos na faculdade. Um deles tinha sido violentamente espancado por alegar ter visto três robustos terceiroanistas surrarem um estudante franzino.

A situação no dormitório agora estava um pouco difícil, as autoridades escolares não tinham sido notificadas adequadamente, e havia o perigo do filho dos Schneider desejar sair da escola.

Nessa ocasião, madame Sheikh pôde conseguir as diretrizes de Deus quanto à maneira sábia de lidar com o problema, que foi resolvido a contento.

Em tais ocasiões, tenho-me maravilhado de que uma cristã nova pudesse ter tão profunda percepção do mundo espiritual. Também, quão estranho que Deus tivesse descido até uma mulher muçulmana no Paquistão e a trouxesse para ministrar nos Estados Unidos!

Além disso, a intensidade da paixão de madame Sheikh em testemunhar de seu Senhor tem cumprido a condição primária para que Deus conceda seus dons especiais do Espírito Santo. Esses dons, com a unção e autoridade que os acompanham, são visíveis a todos os que a ouvem falar por todo o país. Entretanto, o fato de ela não preencher nenhum padrão estabelecido intriga muitos que se sentem mais à vontade quando determinado líder pode ser rotulado.

Certo líder cristão exigiu, por carta, que ela afirmasse ser ou não carismática. Ela sentou-se à escrivaninha pensando a respeito dessa questão. É impressionante como uma única palavra pode dividir os que amam a Cristo. Brincando, num impulso, tirou uma moeda da bolsa e disse:

— Bem, Pai, o Senhor decide.

Jogou a moeda para cima, dizendo:

— Cara, sou carismática; coroa, não o sou.

A moeda prateada girou lindamente no ar e foi cair no tapete. Ela mal podia acreditar no que viu. Ajoelhando-se para ver melhor, sorriu para si mesma. Que melhor prova poderia ela ter do senso de humor do Senhor?

A moeda havia aterrissado sobre a borda nas grossas dobras do tapete, ficando de pé.

A lição, diz Bilquis, é que o importante não é *como* adoramos ou que palavras usamos, ou que rótulos coloquemos, mas se amamos nosso próximo. Somos guiados pelo Santo Espírito de Deus? Obedecemos-lhe implicitamente? Choramos pelos que não conhecem Cristo? Ansiamos partilhar nosso conhecimento dele?

Madame Sheikh encontrou, nos Estados Unidos, uma surpreendente fome de Jesus. Surpreendente para ela porque, em visão que teve no Paquistão antes de emigrar para este país, ela viu os Estados Unidos como uma terra de muitas igrejas, com torres elevando-se acima de toda vila e cidade. Dessa visão, inferiu que os Estados Unidos deviam ser um país completamente devotado a Deus.

Na visão, porém, aparecia um bando de famintos gansos brancos. Depois de ter viajado de um lado a outro do país, ela sabe que os gansos representavam todos os que nesta terra ainda não ouviram falar de Jesus.

De maneira vívida, descreveu-nos seu primeiro domingo nos Estados Unidos... ela saíra do hotel para uma rua de tráfego intenso.

Devem estar todos indo para a igreja, pensou ela. Viria a descobrir, entretanto, que a maioria dessas pessoas estava a caminho das praias, de campos de golfe e de lugares de piqueniques.

É por essas pessoas que madame Sheikh anseia e também pelo futuro desta nação.

Em certo sentido, agora ela é uma mulher sem pátria, em parte por possuir de nosso mundo a larga perspectiva de Deus. Em outro sentido, leva consigo seu adorado Paquistão aonde quer que vai. Tendo sido obrigada a deixar seu pequeno pedaço de terra do outro lado do mundo com seu jardim, ela tem-se ocupado em criar outro ao lado do morro, por trás da pequena casa na Califórnia, que partilha com seu neto, Mamude. Tão lindo tem-se tornado esse pequeno jardim que os vizinhos de sua rua que haviam desistido de plantar qualquer coisa na ladeira estéril por trás de suas casas, inspirados por madame Sheikh, agora estão cultivando seus próprios jardins.

Bilquis contou-me como, ao trabalhar entre suas flores, recentemente, ela pensava no missionário inglês William Carey, com quem se identifica muito, embora tenha ele falecido no ano de 1834 na Índia.

Ele adorava as margaridas inglesas que floresciam nos prados de sua cidade natal, Paulerspury, em Northamptonshire. Nos seus últimos anos na Índia, alguns amigos enviaram-lhe sementes de sua flor favorita, e madame Sheikh copiou, com bastante cuidado, em seu diário, a carta que ele escreveu nessa época:

> Sacudi o saco de sementes sobre um pedaço de terra num lugar ensombreado. Ao visitar esse lugar alguns dias depois, para meu deleite inexprimível, encontrei uma *bellis perennis* de nossos campos ingleses brotando. Não sei se jamais desfrutei, depois de deixar a Europa, um prazer simples tão singular como a visão que essa margarida inglesa concedeu-me, não tendo visto uma por trinta anos e já não mais esperando ver outra.

Bilquis chorou quando leu essa carta pela primeira vez. Ela acha as flores norte-americanas muito lindas, e muitas delas ela criava em seu jardim em Wah. Mas sempre permanece um resto de nostalgia por sua terra natal. Ela fica esperando ver certas flores de Wah que aqui não crescem; espera que algum dia alguém no Paquistão envie-lhe também algumas sementes.

Entrementes, nós, nos Estados Unidos, estamos mais ricos por causa de sua presença entre nós. Toda vez que estou com ela, toda vez que ouço sua voz profunda no telefone, tenho a certeza de que Deus é ainda um Deus soberano, e que ainda está no controle de nosso mundo.

CATHERINE MARSHALL
Evergreen Farm, Virginia
15 de outubro de 1977

Capítulo 1

Uma Assombrosa Presença

Um sentimento estranho e irritadiço crescia dentro de mim enquanto andava lentamente ao longo dos caminhos de cascalhos de meu jardim. Era crepúsculo. O perfume de narcisos pairava no ar. O que, perguntava a mim mesma, me tornava tão inquieta?

Parei e olhei ao redor. Na casa, a alguma distância, do outro lado do largo gramado, os criados começavam a acender as luzes. Fora, tudo parecia tranquilo e calmo. Estendi a mão para colher algumas flores brancas e de aroma acre para meu quarto. Ao abaixar-me para cortar os caules esbeltos e verdes, algo passou roçando minha cabeça.

Endireitei-me assustada. O que era? Nuvem, ou névoa? — uma presença fria, úmida e temível — passara flutuando. De repente, o jardim pareceu mais escuro. Uma brisa fria farfalhou os salgueiros fazendo-me estremecer.

Controle-se, Bilquis! Repreendi-me. Minha imaginação pregava-me peças. Não obstante, juntei as flores e segui rapidamente para casa, onde as janelas brilhavam em segurança tépida. As grossas paredes de pedras brancas e as portas de carvalho ofereciam proteção. Ao apressar-me pelas estradas encascalhadas, encontrei-me olhando para trás. Sempre havia rido das conversas a respeito do sobrenatural. É claro que não havia nada lá fora. Ou havia?

Como se em resposta, senti uma pancadinha firme, bem real e esquisita na mão direita.

Soltei um grito e entrei correndo em casa, batendo a porta atrás de mim. Minhas criadas apressaram-se em minha direção, receosas de fazer qualquer comentário; devo ter ficado parecida com um fantasma. Só na hora de ir para a cama foi que, finalmente, encontrei a coragem para falar às minhas duas criadas sobre a presença fria.

— Vocês acreditam em coisas espirituais? — perguntei, concluindo minha história. Nur-jan e Raisham, uma, muçulmana, a outra, cristã, evitaram responder à minha pergunta. Nur-jan, sacudindo nervosamente as mãos, perguntou-me se podia ir chamar o mulá da aldeia, o sacerdote da mesquita, que traria um pouco de água benta para purificar o jardim. Mas meu bom senso havia voltado. Recusei submeter-me à superstição dos ignorantes. Além disso, não queria que essa história se espalhasse na vila. Tentei sorrir da preocupação dela e disse-lhe, um tanto abruptamente, que não queria nenhum homem santo em minhas propriedades fingindo expulsar espíritos maus. Depois de as criadas deixarem o quarto, dei por mim apanhando meu exemplar do *Alcorão*. Lutei com algumas páginas do livro sagrado muçulmano; cansei-me dele, coloquei-o de volta no seu estojo azul e adormeci.

Acordei lentamente na manhã seguinte, como o nadador que luta para vir à superfície, com um cantochão agudo e fino perfurando minha consciência: *"Laá ilaá ilá Ilaá, Maomé resolu, lá!"*

A cantilena flutuava através da filigrana da janela do meu quarto: "Não há Deus a não ser Alá: E Maomé é seu profeta".

Era um som confortador este chamado à oração muçulmano porque parecia tão normal depois da noite anterior. Era um chamado que eu tinha ouvido, quase sem exceção, todas as manhãs dos meus 46 anos. Visualizei a origem do cantochão ondulante.

Alguns instantes atrás, na pequena vila paquistanense, próxima de Wah, nosso idoso muezim havia entrado apressadamente pela porta na base de um antigo minarete. No interior agradável e fresco, ele havia subido, vagarosamente, degraus de pedras, curvos e gastos pelas sandálias de gerações de homens santos muçulmanos. No topo da torre da oração, eu podia imaginá-lo parando um pouco à porta entalhada, de teca, que leva ao parapeito, a fim de tomar fôlego. Depois, indo até o corrimão, jogou a cabeça barbada para trás e, com sílabas de mil e quatrocentos anos de idade, chamava os fiéis à oração: "Vinde à oração, vinde à salvação, a oração é melhor do que o sono".

O grito assombrado flutuou através da cerração matutina, atravessando as vielas de paralelepípedos de Wah, frios ainda da noite de outubro, cruzou meu jardim, indo-se enroscar ao longo das paredes de pedra da velha casa, agora vermelhas à luz do sol nascente.

Enquanto os últimos fragmentos do antigo cantochão penduravam-se acima de mim, lembrei-me da experiência misteriosa do jardim na noite anterior e rapidamente voltei às rotinas da manhã que deviam ser confortadoras apenas por serem tão comuns. Sentei-me e levei a mão à procura do sino dourado na mesinha de cabeceira de mármore. Ao seu toque musical, minha criada Nur-jan entrou correndo, esbaforida, como de costume. Ambas as minhas criadas dormiam num quarto adjacente ao meu, e eu sabia que elas tinham estado de pé por uma hora, esperando meu chamado. O chá da manhã na cama era *indispensável*. Nur-jan, uma adolescente disposta, rechonchuda e risonha, mas um pouco desajeitada, começou a dispor minhas escovas e pentes de prata. Derrubou uma escova, e repreendi-a duramente.

Raisham, minha outra criada, mais velha e mais calma, uma mulher alta e graciosa, entrou no quarto trazendo uma bandeja de chá grande e coberta. Colocou-a no criado mudo, afastou a toalha de linho a fim de expor a baixela de prata e despejou-me uma xícara de chá fumegante.

Sorvendo a ambrósia escaldante, suspirei de satisfação; o chá era melhor do que a oração. Minha mãe teria ficado chocada com meu pensamento. Quantas vezes eu a tinha observado colocar seu tapete de oração no chão ladrilhado do quarto e, com o rosto voltado para Meca, a cidade santa, ajoelhar-se e pressionar a testa contra o tapete, em oração. Pensando em minha mãe, olhei para o estojo de toucador sobre a penteadeira. Fabricado séculos atrás, de sândalo, e coberto de prata esterlina gravada, havia pertencido a mamãe e à sua mãe antes dela. Agora era minha herança, meu tesouro. Depois de terminar duas xícaras de chá, curvei-me para a frente, um sinal para Raisham começar a escovar-me o cabelo já grisalho, que me ia bater à cintura, enquanto Nur-jan, cuidadosamente, fazia-me as unhas.

Enquanto trabalhavam, as duas comentavam em familiaridade fácil as notícias da vila; Nur-jan falando sem parar, e Raisham fazendo alguns comentários bem pensados e medidos. Conversavam a respeito de um rapaz que se mudara para a cidade e de uma moça que logo haveria de se casar.

Então discutiram o assassinato ocorrido numa cidade próxima onde morava a tia de Raisham. Eu podia perceber Raisham estremecer enquanto comentava a notícia. A vítima havia sido uma cristã. Uma jovem que estava parada numa casa de missionários cristãos. Alguém encontrara seu corpo em uma das vielas estreitas de sua vila. Diziam que a polícia iria investigar.

— Alguma notícia acerca da garota? — perguntei casualmente.

— Não, Begum Sahib — disse Raisham calmamente, enquanto, com cuidado, começava a fazer uma trança no meu cabelo. Eu podia entender por que Raisham, sendo cristã, não queria falar do assassinato. Ela sabia tão bem quanto eu quem havia matado a mocinha. Afinal de contas, a garota havia abandonado a fé muçulmana para se batizar, tornando-se cristã. Então o irmão, furioso com a vergonha que esse pecado causara à família, havia obedecido à antiga lei dos fiéis de que aqueles que se desviam da fé devem morrer.

Embora os editos muçulmanos sejam duros e implacáveis, suas interpretações são, às vezes, temperadas com misericórdia e compaixão. Mas sempre há os zelosos que executam a lei do *Alcorão* levando-a ao extremo.

Todo mundo sabia quem havia matado a garota. Mas nada seria feito. Tinha sido sempre assim. Um ano atrás, o criado cristão de um dos missionários acabou num fosso, garganta cortada, e nada havia sido feito tampouco. Tirei da mente a história triste e preparei-me para levantar. Minhas criadas foram apressadamente ao armário e voltaram com vários saris de seda para eu escolher. Apontei para um bordado com joias. Depois de me ajudarem a enrolar-me nele, fizeram uma mesura e saíram.

Agora a luz do sol enchia o quarto, dando às paredes brancas e ao mobiliário cor de marfim um brilho de açafrão. A luz do sol brilhou sobre a moldura dourada de uma fotografia na minha penteadeira. Fui lá, apanhei-a com raiva. Tinha colocado a foto virada para baixo no dia anterior. Uma das criadas devia tê-la endireitado! A moldura gravada continha uma fotografia de um casal de aparência sofisticada, sorrindo para mim de uma mesa de canto de um restaurante de luxo em Londres.

A despeito de mim mesma, olhei para a foto outra vez, assim como a gente continua a apertar um dente que dói. O homem elegante, de bigodes negros e olhos ardentes tinha sido meu marido, o general Khalid Sheikh. Por que eu guardava essa fotografia? O ódio surgiu dentro de mim enquanto olhava para o homem sem o qual já uma vez pensara não poder viver. Quando a foto fora tirada seis anos antes, Khalid era ministro do Interior do Paquistão.

A mulher charmosa ao seu lado tinha sido eu. Filha de uma família muçulmana conservadora, da pequena nobreza que por setecentos anos havia morado nessa província da fronteira nordeste, de clima agradável, que havia sido o nordeste da Índia, eu tinha sido anfitriã de diplomatas e industriais de todo o mundo. Havia-me acostumado a passeios em Paris e Londres onde passava o tempo fazendo compras na Rue de la Paix ou na Harrods. A esbelta mulher que sorria na foto já não existia, pensei, mirando-me no espelho. A pele suave e pálida havia-se bronzeado, o cabelo preto lustroso manchara-se de branco, e a desilusão havia-lhe cavado linhas fundas no rosto.

O mundo da fotografia tinha-se fragmentado cinco anos antes, quando Khalid me deixou. Sofrendo a vergonha da rejeição, eu tinha fugido da vida sofisticada de Londres, Paris e Rawalpindi e viera procurar refúgio ali, na paz tranquila da propriedade de minha família, aninhada ao pé das montanhas do Himalaia. A propriedade compreendia a pequena vila do interior montanhês de Wah, onde eu havia passado tantos dias felizes quando criança. Wah era cercada de jardins e pomares que muitas gerações de minha família haviam plantado. E a grande casa palaciana de pedra com torres, terraços e enormes câmaras ecoantes parecia tão velha quanto as montanhas Safed Koh, coroadas de neve, que apareciam no oeste. Entretanto, minha tia também morava nessa casa, e, desejando eu um pouco mais de isolamento, mudei-me para uma casa menor que a família construíra nos arredores de Wah. Engastada como uma joia em 50 hectares de jardins, essa casa, com os quartos e área de estar no andar de cima, sala de jantar no térreo, prometia o conforto de que eu precisava.

Ela deu-me mais. Quando cheguei, muito dos grandes jardins precisava ser aparado. Isso foi uma bênção, pois enterrei muito da minha dor no solo fértil enquanto me lançava à restauração da propriedade. Transformei parte dos 50 hectares em jardins com muros e flores e deixei um pouco da área ao natural.

Lentamente, os jardins, com suas incontáveis fontes musicais, tornou-se meu mundo, a ponto de no ano de 1966 eu ganhar a reputação de eremita que se isolava fora de uma cidade, aninhada entre suas flores.

Tirei os olhos da foto com moldura de ouro e coloquei-a virada, de volta à penteadeira; voltei-me para a janela do quarto olhando para a vila. Wah... o próprio nome da vila era uma exclamação de alegria.

Séculos antes, quando essa vila não passava de uma pequenina aldeia, o lendário imperador Mogul Akbar passou por ali, e sua caravana parou para descansar perto de uma fonte que agora fazia parte de meu ambiente. Ele, agradecidamente, sentou-se sob um salgueiro e exclamou com alegria: "Wah!", dando, assim, nome a essa área para sempre.

Contudo, a lembrança dessa cena não me trouxe alívio do sentimento de inquietude que me acompanhava desde o momento da experiência estranha da noite anterior.

Entretanto, tentei desfazer-me dele. Em pé, à janela, disse a mim mesma que já era manhã do dia seguinte, uma hora de segurança com rotinas familiares e a cálida luz do sol. O episódio da noite anterior parecia tão real e, ao mesmo tempo, tão remoto quanto um sonho mau. Abri as cortinas brancas e aspirei profundamente o ar fresco da manhã, ouvindo o som sibilante da vassoura do lixeiro varrendo o pátio. A fragrância da fumaça de lenha queimada, vinda dos fogões que preparavam as refeições matinais, elevava-se até mim, e o ruído rítmico das rodas dos moinhos de água soava a distância. Suspirei satisfeita. Isto era Wah, meu lar; era, afinal de contas, segurança. Foi ali que Navab Mohammad Hayat Kahn, príncipe e senhor feudal, vivera setecentos anos atrás. Éramos seus descendentes diretos, e minha família era conhecida por toda a Índia como os Hayat de Wah. Séculos atrás, as caravanas dos imperadores desviavam-se da Rodovia Tronco Grande a fim de visitar meus ancestrais. Nos dias de minha infância, pessoas importantes, de toda a Europa e da Ásia, passavam pela mesma estrada, outrora caminho para as caravanas que atravessavam a Índia, a fim de visitar minha família. Mas, agora, somente os membros de minha família seguiam essa estrada até o portão. É claro que isso significava que eu não via muita gente, a não ser minha família imediata. Não me preocupava muito. Meus 14 criados eram companhia suficiente. Eles e seus ancestrais haviam servido à minha família por gerações. E, mais importante ainda, eu tinha Mamude.

Mamude era meu neto de 4 anos de idade. A mãe dele, Tooni, esbelta e atraente, era a mais jovem de meus três filhos. Tooni era médica no Hospital da Sagrada Família na cidade vizinha de Rawalpindi. Seu ex-marido era um proeminente proprietário de terras. Tiveram um casamento infeliz; o relacionamento entre eles deteriorava um pouco mais a cada ano. Durante seus desacordos longos e amargos, Tooni enviava Mamude para ficar comigo até que ela e seu marido chegassem a outra trégua inquietante. Certo dia, Tooni e seu esposo vieram visitar-me. Podia eu ficar com Mamude, que tinha um 1 de idade, por algum tempo até que resolvessem suas diferenças?

— Não — disse eu. — Não quero que ele se torne uma bola de pingue-pongue. Mas terei prazer em adotá-lo e criá-lo como meu próprio filho.

É triste dizer, mas Tooni e seu esposo jamais puderam resolver suas diferenças e finalmente se divorciaram. Entretanto, consentiram em que eu adotasse Mamude, e tudo estava indo muito bem. Tooni vinha ver Mamude frequentemente, e nós três éramos muito íntimos, particularmente porque meus dois outros filhos moravam muito longe.

Mais tarde nessa manhã, Mamude pedalava seu triciclo no terraço pavimentado e sombreado por amendoeiras. Já fazia mais de três anos que ele estava comigo, e essa criança adorável, com cara de anjo, olhos castanho-azuis profundos e nariz achatado era a única alegria de minha vida. Seu riso cristalino parecia alegrar o espírito dessa velha e isolada casa. Ainda assim, preocupava-me com o efeito que teria sobre ele viver com um pessoa tão abatida como eu e tentava compensar certificando-me de que uma de suas necessidades fosse suprida — e isso incluía seus três criados, além dos meus 11, que o vestiam, traziam-lhe brinquedos e os guardavam depois de ele terminar de brincar.

No entanto, eu estava preocupada com Mamude. Ele tinha-se recusado a comer por vários dias. Isso era muito esquisito, pois o menino estava sempre indo à cozinha e adulando meus cozinheiros com o fim de ganhar biscoitos, doces e lanches. Um pouco mais cedo nessa manhã, eu tinha descido até o terraço. Depois de trocar um abraço afetuoso com Mamude, perguntei ao criado dele se o menino havia comido.

— Não, Begum Sahib, ele se recusa — disse o criado quase num sussurro. Ao pressionar Mamude a comer alguma coisa, ele simplesmente respondia que não estava com fome.

Fiquei realmente perturbada quando Nur-jan veio procurar-me a sós e sugeriu, receosa, que Mamude estava sendo atacado por espíritos maus. Espantada, olhei para ela fixamente, lembrando-me da experiência inquietante da noite anterior. Que significava tudo isso? Uma vez mais, pedi que Mamude comesse, mas sem nenhum resultado. Nem mesmo havia tocado seus chocolates suíços favoritos, importados especialmente para ele. Levantara para mim os olhos límpidos quando lhe ofereci a caixa de chocolates, dizendo:

— Adoraria comê-los, mamãe, mas, quando tento engolir, dói-me a garganta.

Um calafrio percorreu-me o corpo enquanto eu olhava para meu netinho, antes tão ativo e agora tão sem vida.

Mandei imediatamente chamar Manzur, meu chofer, também cristão, e ordenei-lhe que aprontasse o carro. Dentro de uma hora, estávamos em Rawalpindi a fim de consultar o médico de Mamude. O pediatra examinou Mamude cuidadosamente e disse não ter encontrado nele nada errado.

O temor enregelava-me enquanto dirigíamos de volta à quinta. Olhando para meu netinho, sentado quietamente ao meu lado, eu meditava. Haveria alguma possibilidade de Nur-jan estar certa? Será que isso ia além do mundo físico? Era... algo do mundo espiritual que me estava atacando? Coloquei o braço em volta da criança, rindo de mim mesma por entreter tais pensamentos. Certa vez, lembrei-me, meu pai havia-me contado de um lendário muçulmano, homem santo, que podia realizar milagres. Ri-me da ideia. Papai ficou descontente, mas era assim que eu via tais reivindicações. Mas, hoje, apertando Mamude contra o coração enquanto o carro saía da Rodovia Tronco Grande e entrava em nossa própria estrada, encontrei-me brincando com um pensamento indesejado: poderia o problema de Mamude estar relacionado com a cerração do jardim?

Ao partilhar meus temores com Nur-jan, ela levou as mãos à garganta e implorou-me que mandasse chamar o mulá da aldeia e pedisse que ele orasse por Mamude e que aspergisse água benta no jardim.

Debati seu pedido. Embora eu cresse nos ensinamentos básicos dos muçulmanos, havia-me desviado de muitos rituais por vários anos, tais como orar cinco vezes por dia, jejuar, as complicadas purificações cerimoniais. Mas minha preocupação por Mamude venceu minhas dúvidas, e disse a Nur-jan que podia mandar chamar o homem santo da mesquita da vila.

Na manhã seguinte, Mamude e eu estávamos sentados à minha janela impacientemente esperando pelo mulá. Quando, finalmente, o avistei subindo os degraus da varanda, a capa fina e esfarrapada esvoaçando ao vento frio de outono, arrependi-me de tê-lo mandado chamar e ao mesmo tempo fiquei com raiva por ele não andar mais depressa.

Nur-jan introduziu o velho esquelético em meus aposentos e retirou-se. Mamude observava o homem curiosamente enquanto ele abria seu *Alcorão*. O mulá, cuja pele combinava com o couro antigo do seu livro santo, olhou-me com olhos enrugados, colocou a mão curtida pelo tempo, sobre a cabeça de Mamude e, numa voz trêmida, começou a recitar o *kul* — a oração que todo muçulmano recita quando vai começar um ato importante — seja orar pelos doentes, seja fazer um acordo comercial.

Então o mulá começou a ler o *Alcorão* em árabe — o *Alcorão* sempre é lido em árabe, pois seria errado traduzir as palavras que o próprio anjo de Deus transmitira ao profeta Maomé. Tornei-me impaciente. Devo ter começado a bater o pé no chão.

— Begum Sahib — disse o mulá, estendendo-me o *Alcorão*. — A senhora também devia ler estes versículos. — Ele se referia à sura *Falaque* e à sura *Naz,* versículos que devem ser repetidos quando a pessoa se encontra em dificuldades. — Por que não repete também estes versículos?

— Não — disse eu. — Não vou repetir. Deus se esqueceu de mim, e eu me esqueci de Deus! — Mas, ao ver o olhar de mágoa que se estampou no rosto do velho homem, abrandei-me. Afinal de contas, ele tinha vindo por causa de meu pedido e pelo bem-estar de Mamude.

— Está bem — disse eu, pegando o livro gasto. Abri-o por acaso e li o primeiro versículo que meus olhos encontraram: Maomé é o mensageiro de Deus, e os que com ele estão são duros contra os incrédulos [...].

Pensei na moça cristã que havia sido assassinada e na cerração que aparecera no meu jardim logo depois de ela ter sido morta, e acima de tudo na doença misteriosa de Mamude. Haveria alguma relação entre elas? É claro que nenhuma força espiritual irada relacionaria eu e Mamude com uma *cristã*. Estremeci.

O santo homem, porém, pareceu satisfeito. A despeito de minhas reservas, ele voltou por três dias consecutivos a fim de recitar versículos sobre Mamude.

E, para completar a série de acontecimentos misteriosos e inquietantes, Mamude realmente melhorou.

Que devia eu inferir de todos esses acontecimentos?

A resposta a essa indagação não se faria esperar. Sem eu saber, acontecimentos que haviam de esmagar o mundo que eu tinha conhecido durante toda a minha vida tinham sido colocados em ação.

Capítulo 2

O Estranho Livro

Depois dessas experiências, senti-me atraída ao *Alcorão*. Talvez ele ajudasse a explicar os acontecimentos e, ao mesmo tempo, preencher o vazio dentro de mim. Era certo que esse livro continha respostas que, muitas vezes, haviam dado ânimo à minha família.

Por certo que eu havia lido o *Alcorão* antes. Lembro-me exatamente da idade em que comecei a aprender árabe a fim de ler o livro sagrado: 4 anos, 4 meses e 4 dias de idade. Era esse o dia em que toda criança muçulmana começava a desvendar a escrita árabe. O acontecimento foi marcado por um grande banquete familiar, a que todos os meus parentes compareceram. Então, numa cerimônia especial, a esposa do mulá de nossa aldeia começou a ensinar-me o alfabeto.

Lembro-me especialmente de meu tio Fateh (nós, as crianças, o chamávamos de tio-avô Fateh; ele não era meu tio de verdade — um parente mais velho é chamado de tio ou tia no Paquistão). Tio-avô Fateh era o parente mais chegado de nossa família, e lembro-me claramente de como ele me observava na cerimônia; o rosto aquilino e sensível brilhava de prazer enquanto eu ouvia, de novo, a história de como o anjo Gabriel começara a dar a Maomé as palavras do *Alcorão* naquela fatídica "Noite de Poder" do ano 610 A.D. Levei sete anos para ler o livro sagrado do começo ao fim pela primeira vez, mas, quando terminei, a ocasião deu ensejo a outra celebração em família.

Desde então, eu sempre lera o *Alcorão* por obrigação. Dessa vez, senti que devia realmente examinar suas páginas. Peguei meu exemplar, que pertencera a minha mãe, recostei-me no alcochoado de penas de minha cama e comecei a ler. Comecei pelo versículo inicial; a primeira mensagem dada ao jovem profeta Maomé numa caverna do monte Hira:

> Recitai: Em nome de teu Senhor que formou,
> Formou o homem de um coágulo de sangue.
> Recitai: E teu Senhor é o mais generoso,
> Que te ensinou pela caneta,
> Ensinou o homem que dele não sabia.

A princípio, fiquei perdida na beleza das palavras. Mais adiante, encontrei palavras que não me confortavam de modo nenhum:

> Ao divorciares mulheres, e elas chegarem ao seu termo, então retende-as amavelmente ou libertai-as com amabilidade.

Os olhos de meu marido pareciam de aço negro quando disse não mais me amar. Contraí-me por dentro enquanto ele falava. O que tinha acontecido a todos os anos que passáramos juntos? Podiam ser jogados fora assim? Tinha eu, como dizia o *Alcorão*, "chegado ao meu termo"?

Na manhã seguinte, apanhei de novo o *Alcorão*, esperando encontrar em suas letras cursivas a segurança de que precisava tão desesperadamente. Mas tal segurança jamais veio. Encontrei somente diretivas para a vida e advertências contra as outras crenças. Havia versículos sobre o profeta Jesus, cuja mensagem, dizia o *Alcorão*, fora falsificada pelos cristãos primitivos. Embora Jesus houvesse nascido de uma virgem, não era Filho de Deus. "Não digais: 'Três'", advertia o *Alcorão* contra o conceito cristão da Trindade. "Refreai-vos; é melhor para vós. Deus é um único Deus."

Certa tarde, depois de vários dias de aplicar-me ao livro sagrado, coloquei-o de lado, levantei-me e fui até o jardim, onde esperava encontrar um pouco de paz na natureza e nas antigas recordações. Até mesmo nessa época do ano, a luxuriante verdura persistia, avivada aqui e ali por um *alyssum* colorido que ainda desabrochava. Era um dia um pouco quente para o outono, e Mamude saltitava pelos caminhos por onde eu havia andado, em criança, com meu pai. Com os olhos da mente, via papai andando ao meu lado, com seu turbante branco, vestido impecavelmente em seu terno britânico conservador, comprado em Saville Row, como convinha a um ministro do governo. Muitas vezes, ele me chamava pelo nome completo, Bilquis Sultana, sabendo quanto eu gostava de ouvi-lo. Bilquis era o primeiro nome da rainha de Sabá, e todo mundo sabia que Sultana significava realeza.

Tivemos muitas conversas agradáveis. E, mais tarde, gostávamos de conversar a respeito de nosso novo país, o Paquistão, do qual ele tinha tanto orgulho. "A República Islâmica do Paquistão foi criada especialmente como pátria para os muçulmanos do sul da Ásia", dizia ele. "Somos um dos maiores países do mundo sob a lei islâmica", acrescentava ele, ressaltando que 96% da população de nosso país era muçulmana, e que o restante consistia, na maior parte, em grupos espalhados de budistas, cristãos e hindus.

Suspirei e olhei para além das árvores do meu jardim, para os montes cor de lavanda a distância. Sempre pude encontrar conforto em meu pai. Havia me tornado a companheira dos seus últimos anos, e muitas vezes discutia com ele a situação política de nosso país, que mudava rapidamente. Expunha-lhe meus pontos de vista. Ele era tão gentil, tão compreensivo. Mas agora já não existia. Lembro-me de quando estive de pé ao lado de seu sepulcro no cemitério muçulmano de Brookwood, nos arredores de Londres. Ele tinha ido a Londres para ser operado e nunca conseguiu recuperar-se. O costume muçulmano exige que o cadáver seja sepultado dentro de vinte e quatro horas, e, quando cheguei ao cemitério, seu caixão estava pronto para ser baixado à sepultura. Eu não podia acreditar que jamais veria meu pai novamente. Retiraram a tampa do caixão para que eu pudesse vê-lo pela última vez. Mas a argila cinzenta e fria naquela caixa não era ele; aonde havia ele ido? Fiquei parada, entorpecida, meditando no significado de tudo aquilo, enquanto fechavam de novo o caixão; cada guincho dos parafusos entrando na madeira úmida fazia-me doer o corpo todo.

Mamãe, com quem tinha bastante intimidade, morreu sete anos mais tarde, deixando-me completamente só.

Lá no jardim, as sombras haviam-se alongado, e outra vez encontrava-me no crepúsculo. Não, o conforto que eu procurara nas recordações haviam somente trazido dores. Suavemente, a distância, ouvia o chamado do muezim à oração crepuscular; a melodia assustadora somente aprofundava a solidão dentro de mim.

— *Onde, ó Alá* — murmurei ao ritmo da oração —, onde está o conforto que prometeste?

De volta ao quarto, naquela noite, tornei a apanhar o exemplar do *Alcorão* de minha mãe. Enquanto lia, ficava novamente impressionada com as muitas referências aos escritos judaicos e cristãos que o precederam. Talvez, meditava, devesse continuar minha busca nesses livros.

Isso, porém, significaria ler a Bíblia. E como podia a Bíblia ajudar, uma vez que, como todo mundo sabia, os cristãos primitivos haviam-na falsificado tanto? Mas a ideia de ler a Bíblia tornava-se cada vez mais insistente. Qual era o conceito bíblico de Deus? O que dizia ela a respeito do profeta Jesus? Talvez, afinal de contas, eu devesse lê-la.

Então surgiu o problema: onde poderia eu conseguir uma Bíblia? Nenhuma loja em nossa região teria uma Bíblia para vender.

Talvez Raisham tivesse um exemplar. Mas logo descartei tal ideia. Ainda que tivesse, meu pedido somente a assustaria. Paquistanenses são assassinados por até mesmo parecerem persuadir os muçulmanos a se tornarem cristãos traidores. Pensei em meus outros criados cristãos. Minha família havia-me prevenido a não empregar cristãos por causa de sua notória falta de lealdade e confiança. Mas não deixei que isso me incomodasse; enquanto cumprissem seus deveres, eu estava satisfeita. De qualquer modo, é de duvidar que fossem muito sinceros. Afinal de contas, quando os missionários cristãos chegaram à Índia, foi-lhes fácil fazer convertidos entre as classes mais baixas. Na maioria, eram lixeiros, pessoas tão inferiores na ordem social que seu trabalho era limitado a limpar ruas, calçadas e sarjetas. Nós, os muçulmanos, chamávamos essas pessoas servis de "cristãos de arroz". Não era este o motivo pelo qual aceitavam uma religião falsa: conseguir alimento, roupa e instrução escolar oferecidos gratuitamente pelos missionários?

Olhávamos para os próprios missionários com certo desdém; ocupavam-se tão avidamente com essas pobres criaturas. De fato, somente alguns meses antes, Manzur, meu chofer, um cristão, perguntou se podia mostrar meu jardim a alguns missionários locais.

— É claro — disse eu generosamente, pensando no pobre Manzur, que evidentemente desejava tanto impressionar essas pessoas. Alguns dias mais tarde, da janela do meu quarto, observei o jovem casal de norte-americanos passeando pelo jardim. Manzur tinha-se referido a eles como o reverendo e a sra. David Mitchell. Ambos possuíam cabelo castanho-claro, olhos pálidos e usavam roupas velhas em estilo ocidental. *Que criaturas sem cor*, pensei. Ainda assim, mandei recado ao jardineiro que desse algumas sementes a esses missionários, se eles as pedissem.

Contudo, pensar em Manzur deu-me a resposta quanto a conseguir uma Bíblia. Ele haveria de conseguir uma para mim. Amanhã, eu lhe daria a incumbência.

Assim, na manhã seguinte, chamei-o a meus aposentos. Ele permaneceu perante mim, em posição de sentido, em suas pantalonas brancas; o tique nervoso de seu rosto dava-me certo desconforto, como sempre o fizera.

— Manzur, quero que você consiga uma Bíblia para mim.

— Uma Bíblia? — seus olhos dilataram.

— É claro! — disse eu, tentando ser paciente. Eu tinha certeza que Manzur não possuía uma Bíblia, pois não sabia ler. Mas achava que ele poderia conseguir uma para mim. Ele murmurou alguma coisa ininteligível, e eu repeti simples, mas firmemente: — Manzur, consiga-me uma Bíblia.

Ele assentiu com a cabeça, curvou-se e saiu. Eu sabia por que ele relutava em conceder-me o pedido. O caráter de Manzur não era mais firme do que o de Raisham. Ambos lembravam-se da garota assassinada. Dar uma Bíblia a um lixeiro era uma coisa; trazer uma Bíblia a uma pessoa da classe alta era uma história completamente diferente. O conhecimento de tal fato podia, deveras, significar grandes dificuldades.

Dois dias depois, Manzur levava-me a Rawalpindi para visitar Tooni.

— Manzur, eu ainda não tenho a Bíblia.

Eu podia ver as juntas dos dedos dele embranquecerem ao apertar com força o volante.

— Begum, vou conseguir-lhe uma.

Três dias depois, chamei-o a casa.

— Manzur, pedi-lhe três vezes que me trouxesse uma Bíblia, e você não o fez. — O tique nervoso do seu rosto tornou-se mais acentuado. — Dou-lhe um dia mais. Se amanhã eu não tiver uma Bíblia, você está despedido.

Seu rosto ficou lívido. Ele sabia que eu estava falando sério. Voltou-se e saiu, suas botas de chofer fazendo barulho no assoalho.

No dia seguinte, logo antes da visita de Tooni, uma Bíblia pequena apareceu misteriosamente na mesa da sala de estar do andar de baixo. Apanhei-a e a examinei de perto — encadernação barata, capa cinzenta, impressa em urdo, um dialeto hindu local. Havia sido traduzida por um inglês cento e oitenta anos antes. O estilo era antiquado e de difícil compreensão. Manzur, evidentemente, havia obtido essa Bíblia de algum amigo; era quase nova. Folheei as páginas finas, coloquei-a sobre a mesa e me esqueci dela.

Alguns minutos depois, Tooni chegou. Mamude entrou correndo logo atrás dela, gritando, pois sabia que a mãe lhe teria trazido um brinquedo. Num instante, Mamude saiu correndo para o terraço, passando pelas portas francesas com o novo avião de brinquedo; Tooni e eu preparamo-nos para o chá.

Foi então que Tooni percebeu a Bíblia sobre a mesa ao meu lado.

— Oh, uma Bíblia! — disse ela. — Abra-a e veja o que ela tem a dizer. — Nossa família dá valor a qualquer livro religioso. Era um passatempo comum deixar que um livro santo caísse, abrindo-se ao acaso; então a pessoa colocava o dedo, sem olhar, em uma passagem, quase como querendo que ela lhe desse uma profecia.

Alegremente, abri a Bíblia e relanceei os olhos pelas páginas.

Então uma coisa misteriosa aconteceu. Era como se minha atenção estivesse sendo atraída a um versículo no canto inferior direito da página aberta. Inclinei-me para lê-lo:

> Chamarei meu povo àquele que não era meu povo; e amada àquela que não era amada; e sucederá que no lugar em que lhe foi dito: vós não sois meu povo, aí serão chamados filhos do Deus vivo.
>
> Romanos 9.25,26 (Phillips)

Prendi o fôlego, e um tremor perpassou-me o corpo. Por que esses versículos tiveram esse efeito sobre mim? "Chamarei meu povo àquele que não era meu povo [...] no lugar em que lhe foi dito: vós não sois meu povo, aí serão chamados filhos do Deus vivo."

A sala permanecia em silêncio. Levantei os olhos e vi Tooni esperando graciosamente, pronta para ouvir o que eu havia encontrado. Mas eu não podia ler a passagem em voz alta. Havia algo profundo demais nessas palavras para serem lidas como diversão.

— Bem, o que encontrou, mamãe? — perguntou Tooni, seus olhos vivos questionando-me.

Fechei o livro, murmurei algo acerca de isso não ser mais um jogo e dirigi a conversa para outro assunto.

Contudo, as palavras bíblicas queimavam-me o coração como brasas vivas. E vieram a ser a preparação para os sonhos mais incomuns que jamais tive.

Capítulo 3

Os Sonhos

Só fui pegar a pequena Bíblia de cor cinza no dia seguinte. Nem Tooni nem eu nos referimos à Bíblia novamente depois de eu ter levado a conversa para outro assunto. Mas por toda a longa tarde as palavras da passagem fervilhavam logo abaixo da superfície da minha consciência.

Cedo, na noite do dia seguinte, retirei-me para meus aposentos, onde planejava descansar e meditar. Levei comigo a Bíblia e acomodei-me nas almofadas macias do meu divã. Uma vez mais, folheei as páginas da Bíblia e li outra passagem enigmática:

> Pois Cristo significa o final da luta pela justificação pela Lei, e isto para todos os que nele creem.
>
> Romanos 10.4 (Phillips)

Abaixei o livro por alguns instantes. Cristo? *Ele* era o fim da luta? Continuei a ler.

> O segredo reside no vosso próprio coração e na vossa boca [...] Se abertamente admitirdes pela vossa própria boca que Jesus Cristo é o Senhor, e se crerdes no coração que Deus o ressuscitou dos mortos, sereis salvos.
>
> Romanos 10.8,9 (Phillips)

Coloquei o livro de lado outra vez, sacudindo a cabeça. Isso contradizia diretamente o *Alcorão*. Os muçulmanos sabiam que o profeta Jesus era simplesmente humano, que não havia morrido na cruz, mas foi levado ao céu por Deus e um sósia fora colocado na cruz em seu lugar. Agora, viajando por um céu inferior, esse Jesus um dia voltará à terra para reinar por quarenta anos, casar-se, ter filhos e depois morrer. De fato, ouvi dizer que existe um pedaço de chão para uma sepultura especial conservado vago para os restos mortais do homem em Medina, a cidade onde Maomé também foi sepultado. No dia da ressurreição, Jesus se levantará e comparecerá juntamente com os outros homens para ser julgado perante o Deus todo-poderoso. Mas essa Bíblia dizia que Cristo ressuscitara dos mortos. Era blasfêmia ou...

Minha mente rodopiava. Eu sabia que todo aquele que invocasse o nome de Alá seria salvo. Mas crer que Jesus *é* Alá? Até Maomé, o último e maior dos mensageiros de Deus, o *selo dos profetas,* foi somente mortal.

Deitei-me de costas, cobrindo os olhos com a mão. Se a Bíblia e o *Alcorão* apresentam o mesmo Deus, por que há tanta confusão e contradição? Como é que podia ser o mesmo se o do *Alcorão* é um Deus de vingança e castigo e o da Bíblia cristã é um Deus de misericórdia e perdão? Não vi quando adormeci. Normalmente, nunca sonho, mas nessa noite sonhei. O sonho era tão real, os acontecimentos tão rotineiros, que na manhã seguinte achei difícil tivessem sido somente fantasias. Eis o que vi.

Eu me encontrava ceando com um homem que sabia ser Jesus. Ele tinha vindo visitar-me em minha casa e ficara por dois dias. Ele estava sentado à mesa em frente de mim, e, em paz e alegria, jantávamos. Repentinamente, o sonho mudou. Agora eu estava no topo de uma montanha com outro homem. Ele vestia-se com uma capa e calçava sandálias. Como é que de uma maneira misteriosa sabia o seu nome? João Batista. Que nome estranho! Encontrei-me contando a esse João Batista a conversa recente que tivera com Jesus. "O Senhor veio e hospedou-se em minha casa por dois dias", disse eu. "Mas agora ele se foi. Onde está ele? Devo encontrá-lo! Talvez você, João Batista, pudesse levar-me a ele!"

Foi esse o sonho. Acordei gritando o nome de João Batista! Nur-jan e Raisham entraram correndo no quarto. Pareciam embaraçadas com minha gritaria e começaram, apressadamente, a preparar minha toalete. Tentei contar-lhes meu sonho enquanto trabalhavam.

— Oh, que bom! — sorriu Nur-jan, apresentando-me a bandeja de perfumes.

— Sim, foi um sonho abençoado — murmurou Raisham enquanto me escovava o cabelo. Fiquei surpresa que, como cristã, Raisham não tivesse mostrado mais entusiasmo. Ia perguntar-lhe a respeito de João Batista, mas parei a tempo; afinal de contas, Raisham era simples aldeã. Mas quem *era* esse João Batista? Eu ainda não havia encontrado o nome na porção que lera da Bíblia.

Nos próximos três dias, continuei lendo, tanto a Bíblia como o *Alcorão,* lado a lado, passando de um livro para o outro. Encontrei-me pegando o *Alcorão* por um sentimento de dever e depois, avidamente, voltava-me para o Livro cristão, lendo aqui e ali, examinando esse mundo novo e confuso que acabara de descobrir. Toda vez que abria a Bíblia, enchia-me um sentimento de culpa. Talvez isso resultasse da minha criação rígida. Mesmo depois de me tornar mulher, papai tinha de aprovar todo livro que eu devia ler. Certa vez, meu irmão e eu levamos um livro, às escondidas, para o nosso quarto. Embora fosse um livro totalmente inocente, ficamos muito assustados ao lê-lo.

Agora, enquanto abria a Bíblia, reagia da mesma maneira. Uma história chamou-me a atenção. Contava que os líderes religiosos judaicos trouxeram uma mulher apanhada em adultério ao profeta Jesus. Tremi, sabendo que sorte a aguardava. Os códigos morais do antigo Oriente não eram muito diferentes dos nossos no Paquistão. Os homens da comunidade têm o dever, por tradição, de punir a mulher adúltera. Enquanto lia a respeito dessa mulher, em pé, perante seus acusadores, eu sabia que os próprios irmãos, tios e primos estavam na linha de frente, prontos para apedrejá-la.

Então o profeta disse: "Aquele que dentre vós estiver sem pecado seja o primeiro a atirar a pedra" (João 8.7).

Vacilei, enquanto com os olhos da mente observava os homens saindo um a um. Em vez de supervisionar a morte horrível dela, Jesus havia forçado os acusadores a reconhecer sua própria culpa. O livro caiu em meu colo enquanto ali permaneci em profunda meditação. Havia algo tão lógico, tão correto no desafio desse profeta. O homem falava a verdade.

Então três dias depois tive um segundo sonho estranho:

> Eu estava em meus aposentos quando uma criada anunciou que um vendedor de perfumes esperava para ver-me. Levantei-me, enlevada, do meu divã, pois nessa época havia falta de perfumes importados no Paquistão. E tinha muito medo de ficar sem meu luxo favorito. Então, no meu sonho, alegremente pedi que a criada fizesse entrar o vendedor de perfumes.
>
> Ele estava vestido à maneira dos vendedores de perfumes dos dias de minha mãe quando esses mercadores iam de casa em casa vendendo seus produtos. Usava um casaco preto e levava seu produto numa valise. Abrindo a valise, tirou uma jarra dourada. Removendo a tampa, entregou-me a jarra. Ao olhar para ela, fiquei sem fôlego; o perfume brilhava como cristal líquido. Eu ia tocar o líquido com o dedo, mas ele levantou a mão.
>
> — Não — disse ele; e pegando a jarra dourada, foi colocá-la sobre minha mesa de cabeceira. — Isto se espalhará pelo mundo todo — disse ele.

Quando acordei na manhã seguinte, o sonho ainda estava vívido em minha mente. O sol entrava pela janela, e eu ainda podia sentir o cheiro daquele perfume; a fragrância deliciosa ainda enchia o quarto. Ergui-me e olhei para a mesinha de cabeceira, como que esperando ver a jarra dourada ali.

Contudo, onde estivera a jarra, agora estava a Bíblia!

Um formigamento passou-me pelo corpo. Sentei-me à beira da cama meditando em meus dois sonhos. O que significariam? Fazia anos que eu não sonhava; agora tinha tido dois sonhos vívidos em seguida. Havia alguma relação entre eles? Relacionavam-se com meu encontro recente das realidades do mundo sobrenatural?

Nessa tarde, saí para meu passeio costumeiro no jardim. Meus sonhos ainda me perturbavam. Mas agora algo mais fora acrescentado. Era como se eu sentisse uma deliciosa e estranha alegria, uma paz que ia além de qualquer coisa que havia conhecido antes. Era como se eu estivesse perto da presença de Deus. De repente, ao sair de um pequeno bosque para uma área inundada de sol, o ar ao meu redor pareceu tomar vida com outra fragrância adorável. Não era fragrância de flores — era tarde demais para qualquer dos jardins florescer —, mas uma fragrância muito real, não obstante.

Um tanto agitada, voltei para casa. De onde viera essa fragrância? O que estava acontecendo comigo? Com quem podia eu conversar a respeito do que me acontecia? Teria de ser alguém que tivesse conhecimento da Bíblia. Eu já tinha deixado de lado a ideia de interrogar meus criados cristãos. Em primeiro lugar, nem podia pensar em pedir informações a eles. Provavelmente, não tinham lido a Bíblia e não saberiam de que eu estava falando. Não, eu tinha de conversar com alguém que tivesse educação formal e conhecesse esse livro.

Ao considerar essa questão, uma ideia chocante veio-me à mente. Lutei contra ela. Esse seria o último lugar aonde deveria ir procurar ajuda.

O nome, porém, continuou voltando a mim de um modo tão insistente que finalmente toquei a campainha chamando o Manzur.

— Quero que você prepare o carro. — Então, como que pensando melhor, acrescentei: — Eu mesma vou dirigir.

Os olhos de Manzur dilataram-se.

— A senhora mesma?

— Sim, eu mesma. — Ele saiu, relutante. Raramente, eu havia dirigido o carro tão tarde da noite. Eu havia servido como oficial no Exército Real Indiano, na divisão das mulheres, durante a Segunda Guerra Mundial, e tinha dirigido ambulâncias e carros do comando por milhares de quilômetros em todos os tipos de terreno. Mas o tempo de guerra era uma coisa, e ainda assim sempre dirigira em companhia de alguém. Uma filha da nobreza Nawab não devia dirigir seu próprio carro na vida normal, especialmente à noite.

No entanto, eu sabia que não podia arriscar que Manzur soubesse o que eu estava planejando fazer, pois logo os criados estariam comentando. Estava convencida de que havia somente uma fonte onde podia encontrar resposta para minhas indagações: quem era João Batista e o que significava esse perfume.

De modo que foi com relutância extrema, nessa noite, que me dirigi ao lar de um casal que eu mal conhecia, o reverendo e a sra. David Mitchell, que havia visitado meu jardim naquele verão. Esses missionários cristãos eram as últimas pessoas com as quais gostaria de ser vista.

Capítulo 4

O Encontro

Meu Mercedes preto funcionava em marcha lenta na entrada da garagem. Manzur estava de pé ao lado da porta do motorista, que ele conservava fechada até o último instante, protegendo o calor do carro contra o frio daquela noite outonal. Seus olhos negros ainda questionavam minha decisão, mas sem comentários. Entrei no carro quente, ajeitei-me atrás do volante e saí para o meio do crepúsculo, com a Bíblia no assento ao meu lado.

Todo mundo sabia onde todos viviam em Wah. O lar dos Mitchell ficava perto da entrada da fábrica de cimento de Wah, da qual minha família percebia parte de sua renda. Servia como centro de uma comunidade pequena e estranha cerca de dez quilômetros fora da cidade. As casas haviam sido construídas para abrigo temporário das tropas britânicas durante a Segunda Guerra Mundial. Recordava-me, das poucas vezes que me havia aventurado nessa área, que as casas velhas e uniformes haviam perdido muito da caiação; os tetos de zinco mostravam sinais de muitos remendos. Uma mistura estranha de expectativa e temor inundava-me enquanto dirigia. Eu nunca estivera em um lar missionário cristão antes. Tinha esperança de conhecer a identidade de meu homem misterioso, João Batista, e ao mesmo tempo temia certa — que deveria chamá-la? — "influência" dos que podiam responder à minha questão.

O que pensariam meus ancestrais dessa visita a um missionário cristão? Pensei, por exemplo, no meu bisavô, que havia acompanhado o famoso general britânico Nicholson através do desfiladeiro Kyber em uma das guerras do Afeganistão. Que vergonha essa visita seria para minha família! Sempre havíamos relacionado os missionários com os pobres e os párias da sociedade. Imaginei uma conversa com um tio ou uma tia na qual tentava defender-me contando-lhes meus sonhos estranhos.

— Afinal de contas — dizia eu na cena que executava mentalmente —, qualquer pessoa haveria de querer descobrir o significado de sonhos tão vívidos.

O bairro dos Mitchell, à mortiça luz da noite que chegava, com seus bangalôs iguais, parecia, se possível, ainda mais descuidado. Depois de procurar acima e abaixo pelas vielas estreitas, descobri a casa dos Mitchell perto da fábrica de cimento; um bangalô pequeno e caiado de branco, por entre um bosque de amoreiras. Por cautela, ia estacionar o carro a alguma distância; então, dando conta de mim, pensei que estava por demais receosa do que minha família iria pensar. Estacionei bem na frente da casa dos Mitchell, peguei a Bíblia e dirigi-me rapidamente para a casa. Percebi o quintal bem cuidado e a varanda, cercada de tela, bem mantida. Esses missionários cuidavam bem do lugar onde moravam.

A porta da casa abriu-se, e um grupo de aldeãs, conversando alegremente, saiu. Todas vestiam um típico *xalvar camiz*, uma espécie de pijama frouxo, feito de algodão, e traziam um *dupata* (xale) ao pescoço. Estaquei rígida. É claro que me iam reconhecer. Quase todo mundo me conhecia. Agora a história seria comentada por toda a região, que Begum Sheikh havia visitado um missionário cristão!

Como para provar o que eu estava pensando, assim que elas me viram à luz que jorrava da porta da frente da casa dos Mitchell, pararam de conversar. Passaram apressadas por mim em direção à rua, cada uma levando a mão à testa em cumprimento tradicional. Não havia nada que eu pudesse fazer, a não ser continuar em direção à porta, onde a sra. Mitchell, de pé, perscrutava o escurecer. Mais de perto, sua aparência era como me lembrava, ao vê-la a distância pela cidade. Jovem, pálida, quase frágil. Só que agora usava um *xalvar camiz* igual aos das aldeãs. Assim que me viu, ficou boquiaberta.

— Ora... ora, Begum Sheikh! — exclamava ela, — o quê?... mas... Entre — disse ela. — Entre!

Fiquei contente em entrar na casa, e escapar aos olhares das aldeãs, que, eu tinha certeza, estavam fixados em minhas costas. Entramos na sala de estar, pequena e singelamente mobiliada. A sra. Mitchell pegou, o que parecia, a cadeira mais confortável e colocou-a para mim perto da lareira. Ela mesma não se sentou, mas de pé abria e fechava as mãos. Meu olhar captou algumas cadeiras em círculo no meio da sala. A sra. Mitchell explicou haver terminado um estudo bíblico com algumas mulheres locais. Tossiu nervosamente.

— Ah, gostaria de uma xícara de chá? — perguntou ela, empurrando o cabelo para trás com a mão.

— Não, obrigada — respondi. — Vim fazer uma pergunta. — Olhei ao meu redor. — O rev. Mitchell está em casa?

— Não. Foi de viagem ao Afeganistão.

Fiquei sentida. A mulher, em pé, a minha frente, era tão jovem! Seria ela capaz de responder às minhas indagações?

— Sra. Mitchell — aventurei-me —, sabe alguma coisa acerca de Deus?

Ela sentou-se em uma das cadeiras de madeira e olhou-me estranhamente; o único barulho na sala era o crepitar suave das chamas na lareira. Então disse calmamente:

— Acho que não sei muito *acerca* de Deus, mas deveras o *conheço*.

Que afirmativa extraordinária! Como é que uma pessoa podia ter a presunção de conhecer Deus? Ainda assim, a confiança estranha da mulher dava-me segurança também. Antes de descobrir o que realmente estava acontecendo, dei por mim contando-lhe o meu sonho com o profeta Jesus e com o homem chamado João Batista. De algum modo estranho, tinha dificuldade em controlar a voz enquanto relatava a experiência. Ao contar-lhe a história, senti a mesma emoção que sentira no topo daquela montanha. Depois de descrever o sonho, inclinei-me para a frente.

— Sra. Mitchell, já ouvi falar de Jesus, mas *quem* é João Batista?

A sra. Mitchell piscou os olhos e franziu a testa. Parecia que ela ia perguntar se eu realmente nunca ouvira falar de João Batista, mas em vez disso assentou-se de novo.

— Bem, Begum Sheikh, João Batista foi um profeta, precursor de Jesus Cristo, que pregou o arrependimento e foi enviado para preparar o caminho do Senhor. Foi ele que apontou para Jesus dizendo: "Eis o Cordeiro de Deus, que tira o pecado do mundo". Foi ele quem batizou Jesus.

Por que meu coração deu um salto ao som da palavra "batizou"? Pouco sabia desses cristãos, mas todos os muçulmanos tinham ouvido de sua estranha cerimônia de batismo. Minha mente flutuou até as muitas pessoas que foram assassinadas depois do batismo. Isso também aconteceu durante o governo britânico, quando, supostamente, existia liberdade religiosa. Ainda quando criança, eu tinha relacionado os dois fatos: o muçulmano era batizado, o muçulmano morria.

— Begum Sheikh?

Levantei os olhos. Quanto tempo estivera sentada em silêncio?

— Sra. Mitchell — disse eu, com um nó na garganta —, esqueça-se de que sou muçulmana. Diga-me simplesmente o que quis dizer com conhecer Deus.

— Conheço Jesus — disse a sra. Mitchell, e eu sabia que ela pensava estar respondendo à minha pergunta.

Então contou-me o que Deus havia feito por ela e pelo mundo, desfazendo o terrível abismo entre o homem pecador e o próprio Deus, ao vir, pessoalmente, visitar a terra, na carne, como Jesus, e morrer na cruz por todos nós.

A sala ficou novamente em silêncio. Podia ouvir caminhões passando na rodovia próxima. A sra. Mitchell não parecia estar com pressa de falar. Finalmente, quase sem acreditar nos meus próprios ouvidos, respirei e ouvi minha própria voz dizendo distintamente:

— Sra. Mitchell, algumas coisas estranhas têm acontecido em nossa casa ultimamente. Coisas espirituais. Tanto boas quanto más. Sinto como se estivesse no meio de um imenso cabo de guerra; preciso de toda ajuda positiva que puder conseguir. A senhora poderia orar por mim?

A mulher pareceu espantada com meu pedido, e então, voltando a si, perguntou se eu queria ficar de pé, ajoelhar-me ou ficar sentada enquanto orávamos. Estremeci, subitamente horrorizada. Todas as alternativas eram igualmente inconcebíveis. Mas lá estava essa mulher esbelta e jovem ajoelhada no assoalho de seu bangalô. Imitei-a!

— *Ó Espírito de Deus* — orou a sra. Mitchell em voz suave —, *sei que nada que eu possa dizer convencerá Begum Sheikh de quem Jesus é. Mas agradeço-te por teres tirado o véu de nossos olhos e revelado Jesus ao nosso coração. Ó Espírito Santo, faze o mesmo a Begum Sheikh. Amém.*

Permanecemos ajoelhadas, pareceu-me, por uma eternidade. E, nesse silêncio confortador, meu coração sentia um calor estranho.

Finalmente, a sra. Mitchell e eu nos levantamos.

— Isso aí é uma Bíblia, madame Sheikh? — perguntou ela, apontando para o volume de cor cinza que eu apertava contra o peito. Mostrei-lhe o livro.

— O que acha dele? — perguntou ela. — É de fácil compreensão?

— Não muito — respondi. — É uma tradução antiga, e ainda não me acostumei com ela.

A sra. Mitchell foi a uma sala adjacente e voltou com outro livro.

— Eis um Novo Testamento escrito em inglês moderno — disse ela. — É a tradução de Phillips. Acho-o muito mais fácil de compreender do que os outros. Gostaria de levá-lo?

— Sim — respondi, sem hesitação.

— Comece com o evangelho de João — aconselhou a sra. Mitchell, abrindo o livro e marcando a página com um pedacinho de papel. — Este é outro João, mas sua missão é parecida com a de João Batista.

— Obrigada — disse eu emocionada. — Acho que já tomei muito do seu tempo.

Ao preparar-me para sair, a sra. Mitchell disse:

— A senhora percebe, é tão interessante que um sonho a tenha trazido aqui. Deus, muitas vezes, fala a seus filhos por meio de sonhos e visões.

Enquanto ela me ajudava a vestir o casaco, perguntava-me a mim mesma se deveria partilhar o meu outro sonho com ela. O sonho do vendedor de perfumes. Ele parecia tão... bizarro. Mas, como já tinha acontecido várias vezes nessa noite estranha, descobri que estava possuída de uma audácia enorme. Audácia que parecia vir de fora de mim.

— Sra. Mitchell, poderia dizer-me se há alguma ligação entre perfume e Jesus?

Ela pensou por alguns instantes, a mão na maçaneta da porta.

— Não — disse ela —, nada me vem à mente. Entretanto, vou orar a esse respeito.

Enquanto eu dirigia para casa, experimentei, pela segunda vez, aquela mesma presença fragrante que percebera no meu jardim mais cedo naquele dia!

Quando cheguei a casa naquela noite, li um pouco da porção da Bíblia chamada evangelho de João, onde o escritor falava a respeito de João Batista, esse estranho homem que se vestia com pele de camelo e vivia no deserto conclamando o povo a preparar-se para a vinda do Senhor. Então, lá na segurança do meu quarto, sentada no meu divã, rodeada de memórias e tradições de setecentos anos, um pensamento entrou de esguelha em minha mente, sem ser convidado, não desejado e rapidamente rejeitado. E se João Batista fosse um sinal vindo de Deus, um sinal que apontasse para Jesus, não estaria esse homem apontando-me Jesus também?

É claro que a ideia era inconcebível. Tirei-a da mente e adormeci.

Nessa noite, dormi profundamente.

Enquanto o muezim chamava-me à oração na manhã seguinte, senti alívio em poder ver as coisas com clareza de novo. Que série bizarra de pensamentos havia brincado em minha mente na noite anterior! Mas agora que o muezim me recordava de onde se encontrava a verdade, senti-me segura outra vez, distante daquelas influências cristãs perturbadoras.

Nesse instante, Raisham entrou, não com o chá, mas com um bilhete que disse ter acabado de receber.

Era da sra. Mitchell. Tudo o que dizia era: "Leia 2Coríntios, capítulo 2, versículo 14".

Peguei a Bíblia que ela me dera e procurei até encontrar o capítulo e o versículo. Então, ao ler, prendi o fôlego:

> Graças, porém, a Deus, que, em Cristo, sempre nos conduz em triunfo e, por meio de nós, manifesta em todo lugar a fragrância do seu conhecimento.

Sentada na cama, reli a passagem, minha compostura de um minuto atrás esmagada. O conhecimento de Jesus manifesta-se em todo lugar como uma adorável fragrância! Em meu sonho, o vendedor havia colocado o frasco dourado de perfume na minha mesa de cabeceira dizendo que o perfume se "espalharia pelo mundo todo". Na manhã seguinte, eu tinha encontrado minha Bíblia no lugar onde o perfume estivera! Estava tudo muito claro. Não queria pensar mais a respeito disso. Tocar a campainha pedindo o chá, é isso que deveria fazer. Tocar a campainha pedindo chá, trazer a vida de volta à sua perspectiva normal rapidamente, antes que qualquer outra coisa saísse errada.

Embora a sra. Mitchell me tivesse convidado a voltar, senti que era melhor não o fazer. Parecia-me agora uma decisão lógica eu pesquisar a Bíblia por mim mesma. Não desejava ser levada ao redor por nenhuma influência externa. Mas, certa tarde, Nur-jan entrou apressadamente em meu quarto com um olhar estranho no rosto.

— O rev. e a sra. Mitchell vieram fazer-lhe uma visita — disse ela, quase sem fôlego.

Levei as mãos à garganta. Por que viriam *aqui*? Indagava-me a mim mesma. Entretanto, voltando a mim rapidamente, disse à criada que os introduzisse na sala de visitas.

David Mitchell, um homem magro de cabelos cor de areia, irradiava o mesmo calor amistoso da esposa. Os dois pareciam tão felizes em ver-me que esqueci o desconforto que a visita deles me causava.

A sra. Mitchell foi para apertar-me as mãos, mas, no último instante, jogou os braços ao meu redor. Fiquei espantada. Ninguém, fora de nossa família — nem mesmo nossos amigos mais íntimos —, jamais me havia abraçado dessa maneira. Enrijeci-me, mas a sra. Mitchell pareceu não notar minha reação. Mais tarde, tive de admitir que essa demonstração de amizade agradara-me. Não podia ter havido nenhuma hipocrisia na saudação dela.

— Estou muitíssimo contente em conhecer a "Dama das Flores" — exclamou David, com um jovial sotaque norte-americano.

Olhei para a sra. Mitchell, e ela sorriu.

— Deixe-me explicar. Quando a senhora foi à nossa casa, eu quis que David soubesse imediatamente, pois havíamos falado a seu respeito muitas vezes desde o dia em que visitamos seu jardim na primavera passada. Passei-lhe um telegrama, entretanto não queria usar o seu verdadeiro nome, a fim de protegê-la. Enquanto pensava em como referir-me à senhora pelo telegrama, olhei para fora da janela e vi as flores que haviam nascido das sementes que nos dera seu jardineiro. Veio-me à mente o nome "Dama das Flores", e esse ficou sendo o código para seu nome.

Sorri. — Bem, de hoje em diante podem chamar-me Bilquis.

— E, por favor — disse a sra. Mitchell — chame-me Synnove.

Foi uma visita estranha. Acho que esperava certa pressão da parte dos Mitchell quanto a aceitar sua religião, mas nada parecido com isso aconteceu. Tomamos chá e conversamos. Questionei Jesus ser chamado o "Filho de Deus", pois para os muçulmanos não há maior pecado do que fazer tal reivindicação. O *Alcorão* afirma vezes sem conta que Deus não tem filhos.

— E essa "Trindade"? — perguntei. — Então são três deuses?

Como resposta, David comparou Deus ao Sol, que se manifesta em três tipos diferentes e criativos de energia: calor, luz e irradiação. Um relacionamento trinitário que junto perfaz o Sol, mas que separadamente não é o Sol. E logo depois se despediram.

De novo, por vários dias, encontrei-me a sós com dois livros — o *Alcorão* e a Bíblia. Continuei a ler ambos, estudando o *Alcorão* por uma lealdade familiar, mergulhando-me na Bíblia com uma estranha fome interior. Entretanto, às vezes, hesitava em pegar a Bíblia. Eu sabia que Deus não podia estar em ambos os livros porque as mensagens deles eram tão diferentes. Mas, quando minha mão hesitava em apanhar o livro que a sra. Mitchell me oferecera, sentia um desânimo estranho. Na semana passada, eu tinha vivido num mundo de beleza, não em um jardim visível, criado por mim com sementes e água, mas um jardim interior, criado por uma nova conscientização espiritual. Entrei nesse mundo de beleza pela primeira vez por meio dos meus dois sonhos; então tornei-me cônscia desse mundo pela segunda vez na noite em que encontrei a presença indefinivelmente gloriosa no meu jardim; e o conhecera outra vez quando obedeci ao impulso que me levou à casa dos Mitchell.

Nos dias seguintes, lenta e claramente comecei a perceber que havia uma maneira de voltar ao meu mundo de beleza. E ler o livro cristão parecia, por motivos que não podia definir, a chave para a reentrada nesse mundo.

Então, certo dia, o pequeno Mamude veio a mim com a mão na cabeça, tentando não choramingar.

— Meu ouvido, mamãe — disse ele com a voz perpassada de dor. — Dói muito.

Abaixei-me e examinei-o cuidadosamente. Sua tez, geralmente rosada, tinha-se tornado pálida, e, embora Mamude não fosse o tipo de criança que vivesse a reclamar, eu podia ver as manchas de lágrimas em suas bochechas redondas.

Coloquei-o na cama imediatamente e cantei suavemente para ele. Seu cabelo negro destacava-se contra o travesseiro branco. Depois de ele fechar os olhos, fui ao telefone e disquei para o Hospital da Sagrada Família em Rawalpindi. Dentro de um minuto, Tooni estava ao telefone. Ela concordou que devíamos levar Mamude para o hospital imediatamente e que marcaria um exame completo para a tarde do dia seguinte. Eu podia ficar num quarto adjacente, e teria um quarto menor pegado ao meu para uma criada.

Já era quase noite quando nos alojamos no hospital. Tooni tinha a noite livre para passar conosco. Logo, Mamude e a mãe estavam dando risadas por causa de algumas gravuras que Mamude estava pintando num livro que ela lhe havia trazido. Eu, recostada na cama, lia a Bíblia. Também havia trazido comigo o *Alcorão*, mas a essa altura eu lia o *Alcorão* por um sentimento de dever, mais do que por interesse.

De repente, as luzes do quarto tremularam e se apagaram. Ficou totalmente escuro.

— Outra falta de energia — disse eu, exasperada. — Você viu algumas velas?

Num instante, a porta se abriu e uma freira entrou com uma lanterna.

— Espero que a escuridão não os tenha incomodado — disse ela, alegremente. — Arranjaremos algumas velas rapidamente.

Reconheci-a. Era a dra. Pia Santiago, uma senhora franzina, de óculos, filipina, responsável por todo o hospital. Havíamo-nos conhecido em uma visita anterior. Quase imediatamente, outra freira entrou com velas e, num instante, a cálida luz invadiu o quarto. Mamude e Tooni retomaram a conversa interrompida. Fiquei conversando com a dra. Santiago. Não podia deixar de notar que ela olhava fixamente para minha Bíblia.

— A senhora se incomoda se eu me sentar um pouco? — perguntou a dra. Santiago.

— Seria um prazer — disse eu, presumindo que fosse simplesmente uma visita de cortesia. Ela sentou-se numa cadeira ao pé da cama.

— Oh — disse ela, tirando os óculos e secando a testa com um lenço —, tem sido uma noite tremendamente movimentada.

Meu coração simpatizava com ela. Os muçulmanos sempre tiveram respeito por essas santas mulheres que desistiam do mundo a fim de servir ao seu Deus; sua fé podia estar posta em lugar errado, mas sua sinceridade era real. No decorrer da conversa, percebi que essa mulher tinha algo mais em mente. Era a Bíblia. Podia vê-la olhando para ela com curiosidade crescente. Finalmente, inclinando-se para a frente, perguntou em tom confidencial:

— Madame Sheikh, que está a senhora fazendo com uma Bíblia?

— Estou em busca sincera de Deus — respondi. E então, enquanto as velas diminuíam, contei-lhe, a princípio um tanto cautelosa, e depois com audácia crescente, os meus sonhos, minha conversa com a sra. Mitchel e estar comparando a Bíblia com o *Alcorão*.

— O que quer que aconteça — enfatizei —, devo encontrar Deus, mas estou confusa a respeito de sua fé — disse finalmente, compreendendo que enquanto falava descobria algo importante. — Vocês parecem tornar Deus tão... não sei... tão *pessoal!*

Os pequeninos olhos da freira encheram-se de compaixão. Inclinou-se para a frente:

— Madame Sheikh — disse ela, com a voz cortada de emoção —, só há uma maneira de descobrir por que sentimos assim. E essa maneira é descobrir por si mesma, por estranho que isso possa parecer. Por que a senhora não ora *ao* Deus que está buscando? Peça-lhe que lhe mostre o caminho. Converse com ele como se ele fosse seu amigo.

Sorri. Era como se ela estivesse sugerindo que eu fosse conversar com o Taj Mahal. Mas então a dra. Santiago disse algo que passou através de mim como uma descarga elétrica. Ela se achegou para mais perto, tomou-me as mãos; lágrimas corriam-lhe pelas faces.

— Converse com ele — disse ela mui calmamente — como se ele fosse seu pai.

Endireitei-me rapidamente. Um silêncio de morte enchia o quarto. Até a conversa de Mamude com Tooni ficara pendurada entre pensamentos. Olhei para a freira cujos óculos rebrilhavam à luz da vela.

Conversar com Deus como se fosse meu pai! O pensamento sacudia minha alma com a maneira peculiar que a verdade possui de, ao mesmo tempo, espantar e confortar.

Então, como se de comum acordo, todos começaram a falar a uma só vez. Tooni e Mamude riram concordando que o guarda-sol devia ser pintado de roxo. A dra. Santiago sorriu, levantou-se, desejou felicidades a todos, arrepanhou o hábito e saiu do quarto. Nada mais foi dito a respeito da oração ou do cristianismo. Entretanto, passei o resto dessa noite e a manhã do dia seguinte estonteada. O que tornava a experiência especialmente misteriosa era o fato de os médicos não poderem encontrar nada errado com Mamude, que continuava a dizer que o ouvido não lhe doía nem um pouquinho. A princípio, irritei-me com a perda de tempo e com o trabalho que tudo isso havia acarretado. Então veio-me o pensamento de que talvez, de alguma maneira mística, Deus tinha se servido dessa situação para colocar-me em contato com a dra. Santiago.

Mais tarde nessa manhã, Manzur levou-nos de volta a Wah. Ao deixarmos a Rodovia Tronco Grande e entrarmos em nossa rua, eu podia ver o teto de cor cinza de minha casa através das árvores. Geralmente, via minha casa como um retiro afastado do mundo. Mas naquele dia parecia existir uma diferença na casa, como se algo especial estivesse para acontecer.

Ao aproximarmo-nos da casa, Manzur começou a buzinar. Os criados correram a rodear o carro.

— O pequeno está bem? — perguntavam todos ao mesmo tempo.

Sim, assegurei-lhes que Mamude estava bem. Mas minha mente não estava nas festividades do retorno ao lar. Encontrava-me nesse novo caminho à busca de Deus. Subi para meu quarto a fim de meditar em tudo o que estava acontecendo. Muçulmano algum, tinha a certeza, jamais havia pensado em Alá como pai. Desde a infância, haviam-me ensinado que a maneira mais certa de conhecer Alá era orar cinco vezes por dia, estudar o *Alcorão* e nele meditar. Mas as palavras da dra. Santiago continuavam vindo-me à mente: "Converse *com* Deus. Converse com ele como se fosse seu pai".

Sozinha no quarto, ajoelhei-me e tentei chamá-lo de "Pai". Mas foi um esforço inútil. Levantei-me desapontada. Era ridículo! Será que não era pecado tentar trazer o Grande Ser ao nosso próprio nível? Nessa noite, dormi mais confusa do que nunca.

Acordei horas mais tarde. Já passava da meia-noite, meu aniversário, 12 de dezembro. Completava 47 anos de idade. Senti uma excitação momentânea, lembrei-me da infância quando os aniversários eram festivais com bandas de música no gramado, jogos, parentes chegando à casa o dia inteiro. Agora, não haveria celebração; alguns telefonemas talvez, nada mais.

Oh, como sentia falta dos dias da infância! Pensava em meus pais, e vinham-me à mente as lembranças melhores que tinha deles. Mamãe, tão amorosa, tão real e linda. E papai. Eu tinha tanto orgulho dele, de sua alta posição no governo indiano! Ainda podia vê-lo, impecavelmente vestido, ajeitando o turbante ao espelho, antes de sair para o escritório. Os olhos amigos sob as sobrancelhas cerradas, o sorriso gentil, as feições definidas e o nariz aquilino.

Uma das minhas recordações mais queridas era vê-lo trabalhando no seu escritório. Embora vivêssemos numa sociedade na qual os filhos recebiam mais atenção do que as filhas, papai dava valor igual a todos. Muitas vezes, em criança, quando tinha uma pergunta que queria fazer-lhe, ficava olhando-o da porta do escritório, hesitando em interrompê-lo. Então os olhos dele encontravam-se com os meus. Pondo a caneta sobre a mesa, ele se inclinava para trás e chamava: "Quicha?", e eu entrava devagar no gabinete, cabisbaixa. Ele sorria e mostrava a cadeira perto da sua.

— Venha, minha querida, sente-se aqui. — Então colocava os braços ao meu redor e aconchegava-me a ele. — Agora, minha pequena Quicha — perguntava ele gentilmente —, que posso fazer por você?

Papai era sempre o mesmo. Não se importava que eu o incomodasse. Sempre que eu tinha uma pergunta ou um problema, não importava quão ocupado estivesse, colocava de lado seu trabalho e devotava-me atenção total.

Já passava da meia-noite, e eu, deitada na cama, saboreava essas recordações maravilhosas.

— *Oh, obrigado...* — murmurei para Deus. Será que eu estava realmente conversando *com* ele?

Subitamente, um raio de esperança atingiu-me. Suponhamos, simplesmente suponha-mos, que Deus fosse como um pai. Se meu pai terreno colocava tudo de lado para ouvir-me, também não o faria meu pai celestial...?

Tremendo de emoção, saí da cama, ajoelhei-me no tapete, olhei para o céu e, numa compreensão nova e rica, chamei Deus de "meu pai".

Eu não estava preparada para o que ia acontecer.

Capítulo 5

A Encruzilhada

— *Oh, Pai, meu Pai... Deus Pai.*

Hesitantemente, disse o nome dele em voz alta. Tentei maneiras diferentes de falar com ele. E então, como se algo se houvesse desfeito dentro de mim, descobri que acreditava que deveras ele me ouvia, assim como meu pai terreno sempre o havia feito.

— *Pai, oh, meu Pai Deus* —, clamei, com confiança crescente. Minha voz parecia inusitadamente alta no grande quarto, enquanto me ajoelhava no tapete ao lado da cama. De repente, aquele quarto já não estava vazio. *Ele* estava lá! Eu podia perceber sua presença. Podia sentir-lhe a mão colocada gentilmente sobre minha cabeça. Era como se eu pudesse *ver* seus olhos, cheios de amor e compaixão. Ele estava tão perto que coloquei minha cabeça sobre seus joelhos, como a criancinha sentada aos pés do pai. Fiquei ali ajoelhada por um longo tempo, soluçando quietamente, flutuando em seu amor. Conversei com ele, pedi desculpas por não o ter conhecido antes. E, de novo, sua compaixão amorosa, como um cálido cobertor, envolveu-me toda.

Reconheci ser essa a mesma presença amorosa que havia encontrado naquela tarde fragrante em meu jardim. A mesma presença que muitas vezes havia sentido ao ler a Bíblia.

— Estou confusa, Pai... — disse eu. — *Tenho de acertar uma coisa imediatamente.* — Levei a mão à mesa de cabeceira onde tinha a Bíblia e o *Alcorão* lado a lado. Apanhei ambos os livros e levantei-os, um em cada mão.

— *Qual, Pai?* — disse eu. — *Qual destes é o teu livro?*

Então uma coisa admirável aconteceu. Nada igual jamais havia acontecido em minha vida. Ouvi uma voz dentro de mim, uma voz que me falava tão claramente como se eu repetisse as palavras mentalmente. Palavras afáveis e ao mesmo tempo cheias de autoridade.

— *Em qual dos livros você me conhece como Pai?*

Respondi:

— *Na Bíblia.*

Era disso que eu precisava. Agora não havia dúvida em minha mente sobre qual livro era o dele. Olhei para o relógio e fiquei admirada ao descobrir que haviam passado três horas. Entretanto, eu não estava cansada. Desejava continuar orando, queria ler a Bíblia, pois agora sabia que meu Pai falaria por intermédio dela. Só fui para a cama quando percebi que minha saúde o exigia. Mas, cedo na manhã seguinte, disse às criadas que não queria ser perturbada; peguei de novo a Bíblia e reclinei-me no divã. Principiando com Mateus, comecei a ler o Novo Testamento palavra por palavra.

Fiquei impressionada por ter Deus falado a seu povo em sonhos, cinco vezes na primeira parte de Mateus! Falou com José a respeito de Maria. Advertiu os sábios quanto a Herodes, e três vezes mais dirigiu-se a José a respeito da proteção ao menino Jesus.

Todo o tempo que eu podia encontrar para a Bíblia ainda era pouco. Tudo o que eu lia, parecia dirigir-me para algum tipo de comunhão mais íntima com Deus.

Encontrei-me numa grande encruzilhada. Tinha encontrado pessoalmente o Deus Pai. Sabia, dentro do coração, que devia entregar-me totalmente a seu Filho Jesus ou então voltar-lhe as costas por completo.

Tinha certeza de que todos os que eu amava me aconselhariam a dar as costas a Jesus. Veio-me à mente a lembrança de um dia especial e precioso, muitos anos atrás, quando meu pai me levou à mesquita de nossa família. Estávamos a sós. Entramos na câmara de abóbada alta. Pegando-me pela mão, papai contou-me, com grande orgulho e forte identificação, que 20 gerações de nossa família haviam cultuado ali.

— Que privilégio é o seu, minha pequena Quicha, de fazer parte desta verdade antiga!

Pensei em Tooni. Por certo que essa jovem mulher já tinha problemas suficientes. E também havia meus outros filhos; embora vivessem longe, eles também ficariam magoados se eu "me tornasse cristã". E também havia meu tio Fateh, que me observara com tanto orgulho no dia em que completei 4 anos, 4 meses e 4 dias de idade e comecei a aprender a ler o *Alcorão*. E havia a amada tia Amina e todos os meus outros parentes — algumas centenas de "tios", "tias" e "primos". No Oriente, a família torna-se *biraderi*, uma comunidade, e cada membro é responsável pelo outro. Eu podia magoar a família de muitas maneiras; podia até mesmo interferir no casamento de minhas sobrinhas, uma vez que teriam de viver à sombra de minha decisão se eu escolhesse unir-me aos "varredores de ruas".

Contudo, acima de tudo, preocupava-me com meu netinho Mamude; o que lhe aconteceria? Meu coração deu um pulo ao pensar no pai de Mamude. Era um homem muito fútil, que podia muito bem tentar tirar-me o menino se eu me tornasse cristã, o que claramente mostraria minha instabilidade mental.

Nesse dia, enquanto lia e meditava em meu quarto, esses pensamentos queimaram-me o coração. Ao reconhecer a dor que eu poderia infligir aos outros, tal pensamento tornou-se demais para mim e levantei-me chorando. Enrolei-me num xale e saí para o jardim frio, o meu refúgio, onde parecia poder pensar melhor.

— Oh, *Senhor* — clamei, enquanto andava pelo caminho encascalhado —, *será que realmente desejas que eu deixe minha família?*

Pode um Deus de amor desejar que eu faça os outros sofrerem? — E, na escuridão de meu desespero, tudo o que podia ouvir eram suas palavras, as palavras que acabara de ler em Mateus:

> Quem ama seu pai ou sua mãe mais do que a mim, não é digno de mim; quem ama seu filho ou sua filha mais do que a mim, não é digno de mim [...]
>
> Mateus 10.37

Esse Jesus não contemporizava. Não aceitava competição. Suas palavras eram duras e constrangedoras; palavras que eu não queria ouvir.

Basta! Não podia mais suportar a pressão da decisão. Impulsivamente, corri para casa, mandei chamar Manzur e disse à caseira espantada que eu iria a Rawalpindi. Ficaria fora por alguns dias. Se precisasse de mim, poderia encontrar-me em casa da minha filha. Manzur levou-me a Rawalpindi, onde passei vários dias fazendo compras: brinquedos para Mamude, perfumes e saris para mim. Não fiquei surpresa, ao continuar minhas compras, de encontrar-me afastando do calor da presença de Deus. Certa vez, quando um balconista desenrolava certa peça de fazenda, mostrando-me as gemas bordadas num desenho rico, de súbito vi a forma da cruz no padrão. Murmurei qualquer coisa e fugi. Na manhã seguinte, voltei a Wah sem a determinação de permanecer muçulmana e sem a determinação de tornar-me cristã.

Então, certa noite, ao descontrair-me ao lado da lareira, apanhei a Bíblia de novo. Mamude dormia. A sala de estar estava em silêncio. O vento do jardim batia contra as janelas; o fogo crepitava.

Eu havia lido todos os Evangelhos e o livro de Atos, e nessa noite havia chegado ao último livro da Bíblia. Apocalipse fascinava-me, embora compreendesse muito pouco dele. Lia, como se estivesse sendo guiada, cheia de uma confiança estranha. Então, de repente, cheguei a uma sentença que fez o quarto rodopiar. Era o versículo 20 do capítulo 3 de Apocalipse:

> Eis que estou à porta, e bato; se alguém ouvir a minha voz, e abrir a porta, entrarei em sua casa, e cearei com ele, e ele, comigo.

Faltou-me o fôlego, e o livro caiu-me ao colo.

Esse era meu sonho, o sonho em que Jesus havia ceado comigo! Na época em que tive esse sonho, eu não havia lido o livro de Apocalipse. Fechei os olhos e uma vez mais podia ver Jesus sentado à mesa em minha frente. Podia ver-lhe o sorriso afetuoso, sua aceitação. E a glória também estava lá! Do mesmo modo que estivera com o Pai. Era a glória que pertencia à sua presença!

Agora eu sabia que meu sonho tinha vindo de Deus. O caminho estava claro. Eu podia aceitá-lo ou rejeitá-lo. Eu podia abrir a porta, pedir-lhe que entrasse permanentemente, ou podia fechar-lhe a porta. Teria de tomar a decisão *já*, de uma maneira ou de outra.

Tomei minha decisão e ajoelhei-me à frente da lareira.

— *Ó Deus, não esperes nem mais um instante. Por favor, entra em minha vida. Meu ser inteiro está aberto para ti.* — Não foi preciso lutar nem me preocupar acerca do que aconteceria. Havia dito "sim". Cristo estava agora em minha vida, e eu o sabia.

Que coisa mais linda! Em poucos dias, eu havia encontrado Deus Pai e depois Deus Filho. Levantei-me e comecei a preparar-me para dormir, com a mente em torvelinho. Será que eu ousaria dar um passo mais? Lembrei-me que no livro de Atos, no dia de Pentecoste, Jesus havia batizado seus seguidores com o Espírito Santo. Devia eu seguir esse mesmo padrão?

— *Senhor* — disse eu, enquanto descansava a cabeça no travesseiro —, *não tenho ninguém para dirigir-me a não ser o Senhor mesmo. Se desejas que eu receba o batismo no Espírito Santo, então, é claro, desejo o que tu desejas. Estou pronta.* — Sabendo que havia colocado a mim mesma completamente em suas mãos, adormeci.

Era ainda escuro quando acordei num estado de expectativa vibrante naquela madrugada de 24 de dezembro de 1966. Olhei para o relógio fluorescente, e os ponteiros marcavam 3 horas da madrugada. O quarto estava muito frio, mas eu queimava de emoção.

Arrastei-me para fora da cama e caí de joelhos no tapete frio. Ao levantar os olhos, parecia estar olhando para uma grande luz. Lágrimas quentes escorriam-me pelas faces enquanto levantava as mãos para ele e clamava:

— *Ó Deus Pai, batiza-me com teu Espírito Santo!*

Peguei a Bíblia e abri-a onde o Senhor dizia:

> Porque João, na verdade, batizou com água, mas vós sereis batizados com o Espírito Santo, não muito depois destes dias.
>
> Atos 1.5

— *Senhor* — clamei — *se estas palavras tuas forem verdadeiras, então dá-me esse batismo agora.* — Amontoei-me no chão frio com o rosto em terra e continuei a clamar:

— *Senhor* — solucei —, *não desejo levantar-me deste lugar até que me dês esse batismo.* — De repente, fiquei cheia de espanto e admiração. Pois naquele quarto silente, antes do nascer do sol, eu vi o rosto dele. Algo passou através de mim, ondas após ondas de um oceano purificador, inundando-me até as pontas dos dedos das mãos e dos pés, lavando-me a alma.

Então as ondas poderosas diminuíram de intensidade; o oceano celestial aquietou-se. Eu estava completamente limpa. Alegria explodiu dentro de mim, e clamei louvando-o e agradecendo-lhe.

Horas mais tarde, senti o Senhor erguer-me. Ele desejava que eu me levantasse. Olhei para fora das janelas e vi que já era quase aurora.

— Ó Senhor — disse eu, enquanto me deitava na cama. — Será que o céu do qual tu falas é melhor do que isto? Conhecer-te é alegria; adorar-te é felicidade; estar perto de ti é paz. E isto é céu!

Duvido que tenha dormido duas horas naquela madrugada. Parecia não ter passado tempo nenhum quando minhas criadas entraram para ajudar-me a vestir. Foi a primeira manhã, que me lembre, em que não disse nenhuma palavra dura contra elas. Ao contrário, reinava certa atmosfera de calma e paz no quarto inundado de sol. Raisham até murmurou uma canção enquanto me escovava o cabelo, coisa que nunca havia feito antes.

Durante todo aquele dia, andei pela casa, louvando a Deus silenciosamente, quase não podendo conter a alegria interior. Na hora do almoço, Mamude tirou os olhos das panquecas e disse:

— Mamãe, a senhora está tão sorridente! O que lhe aconteceu?

Passei a mão pela cabeça dele, emaranhando-lhe o cabelo preto e lustroso.

— Dê-lhe um pouco de *ralva* — disse ao cozinheiro. Esse prato, feito de trigo, manteiga e açúcar, era o seu doce favorito. Disse a Mamude que celebraríamos o Natal na casa dos Mitchell.

— Natal? — disse Mamude.

— É um feriado — disse eu — parecido com o Ramadã. — Isso, Mamude compreendia. Ramadã era o mês do ano muçulmano em que Maomé recebeu sua primeira revelação. De modo que nesse mês, todo ano, os muçulmanos jejuam do nascer do sol ao pôr do sol, quando os tambores trovejam nas mesquitas e enchemo-nos de guloseimas, doces, frutos amargos, folhas de espinafre fritas em manteiga, beringela delicadamente cozida e *kabobs* suculentos. O Natal, supunha eu, devia parecer um pouco com o Ramadã, e estava certa. Quando David foi-nos encontrar à porta de sua casa, delicioso cheiro de comida recendia ao seu redor, e ouviam-se risos dentro da casa.

— Entrem! Entrem! — exclamou ele, levando-nos para uma sala de estar cheia do espírito festivo. Uma árvore de natal brilhava no canto e o riso dos dois filhos de Mitchell, um pouquinho mais velhos que Mamude, escapava de outro quarto. Mamude, alegremente, uniu-se a eles no brinquedo.

Já não podia mais conter minha alegria.

— David — exclamei, usando o seu primeiro nome sem nem mesmo perceber. — agora sou cristã! Fui batizada com o Espírito Santo!

Ele olhou para mim por alguns instantes e então levou-me para dentro da casa.

— Quem lhe falou acerca do batismo no Espírito Santo? — perguntou ele, os olhos de cor cinza bem abertos. Ele começou a rir alegremente e a louvar a Deus. Ao ouvir suas "aleluias!", Synnove entrou correndo na sala, vindo da cozinha, e David perguntou-me novamente:

— Quem lhe contou?

— Jesus contou-me —, sorri. — Li-o no livro de Atos; pedi-o a Deus, e o recebi.

Tanto David como Synnove pareciam desnorteados. Então correram para mim. Synnove colocou os braços ao meu redor e desfez-se em lágrimas. David uniu-se a ela. Então nós três, de braços dados, louvamos a Deus pelo que fizera.

Nessa noite comecei um diário de todas as coisas maravilhosas que o Senhor estava fazendo por mim. Se eu morresse — e não tinha ideia do que poderia acontecer a mim uma vez que se espalhasse a notícia de eu ter-me tornado cristã —, queria, pelo menos, que este registro da minha experiência permanecesse. Enquanto escrevia minhas experiências, não tinha ideia de que Deus fazia preparações a fim de começar minha educação.

Capítulo 6

Aprendendo a Encontrar Sua Presença

Várias surpresas aguardavam-me nos dias seguintes.

Ouvi palavras que não posso traduzir, mas nunca me esquecerei das cenas. Durante uma dessas experiências, vi uma torre que se alçava aos céus; subitamente, perante mim, estavam centenas de igrejas — novas, antigas, igrejas de todos os estilos e, finalmente, uma linda igreja dourada. Outra vez, a cena se mudou, e vi áreas do centro das cidades desenrolarem-se perante mim. Centros comerciais modernos e praças antiquadas. Era tudo tão claro; podia divisar os arranha-céus, as torres com relógios e edifícios lindamente ornamentados.

Não podia deixar de pensar que isso me havia sido dado por um motivo especial, ainda desconhecido.

Descobri também, ao ler as Escrituras, que era uma experiência completamente diferente das que já tivera em leituras anteriores. Alguma coisa acontecia comigo à medida que lia; em vez de ler a Bíblia, encontrei-me vivendo-a. Era como se passasse através de suas páginas para o mundo antigo da Palestina onde Jesus Cristo andou pelas estradas pedregosas da Galileia. Vi-o pregando, ensinando, vivendo sua mensagem nas situações do dia a dia, demonstrando o poder do Espírito e, finalmente, indo à cruz e passando vitoriosamente pela experiência da morte.

Para minha surpresa, também descobri que o efeito da leitura bíblica estava começando a ser sentido pelos outros. Percebi isso certa manhã quando minhas criadas preparavam-me a toalete. Nur-jan arrumava os pentes e as escovas de prata numa bandeja quando, acidentalmente, derrubou tudo. O barulho foi grande. Ela enrijeceu-se, os olhos muito abertos; eu sabia que ela esperava meu massacre costumeiro. E deveras, quando dei por mim, estava a ponto de repreendê-la. Em vez disso, eu disse:

— Não se preocupe, Nur-jan. Não se quebraram. Então uma ousadia peculiar começou a tomar conta de mim. Até então, eu tinha medo de dizer a qualquer pessoa do meu interesse por Cristo. Primeiro, porque tinha horror à ideia de as pessoas fazerem pouco da "Begum lixeira". E também tinha medo de minha família colocar-me no ostracismo; o pai de Mamude podia até tentar tirá-lo de mim. Temia até que algum fanático levasse a sério a injunção: *Aquele que se desvia da fé deve morrer.*

De modo que não estava realmente ansiosa por ser vista na casa dos Mitchell. O grupo de mulheres que naquela noite havia saído da casa de David e Synnove ainda me preocupava. Meus próprios criados certamente sabiam que algo incomum estava acontecendo comigo. Ao pensar em tudo isso, vi que estava vivendo num estado de inquietação constante, não sabendo quando a pressão contra mim iria começar.

No entanto, depois dos meus três encontros com Deus, fiz uma admissão surpreendente a mim mesma certo dia. No que me dizia respeito, minha decisão de tornar-me cristã era do conhecimento público. Como diz a Bíblia, eu estava "confessando Jesus com os meus lábios".

Bem — disse a mim mesma, de pé, à janela do quarto certo dia —, esperemos para ver os resultados.

Não contava, porém, com resultados assim tão rápidos. Logo depois do Natal de 1966, a criada do andar térreo veio a mim com o sobrolho enrugado:

— A sra. Mitchell está aqui e quer vê-la, Begum — disse ela.

— Oh? — disse eu, tentando parecer casual —, mande-a entrar. — Meu coração batia forte enquanto ia à porta receber minha visita.

— Fico muito honrada com a sua visita — disse eu, certificando-me de que a criada, que estava ainda por perto, me ouvisse.

Synnove tinha vindo convidar-me para jantar.

— Teremos outras pessoas presentes também, pessoas que, temos certeza, a senhora gostará de conhecer — disse ela.

Outros? Senti a velha parede erguer-se dentro de mim. Synnove deve ter percebido meu olhar hesitante, pois procurou dar-me segurança.

— A maioria é cristã — disse ela. — Alguns são ingleses, outros, norte-americanos. A senhora viria? — seus olhos imploravam esperançosamente.

E, com mais entusiasmo do que sentia, disse que seria um grande prazer.

Perguntava a mim mesma por que tantos cristãos eram tão tímidos! Eu tinha estado em contato com cristãos antes, geralmente em jantares de Estado, onde eu fora anfitriã e esposa de oficial do governo. Os jantares, em geral, eram acontecimentos formais, servidos por criados de libré; acontecimentos longos, muita comida, cada prato servido separadamente, na melhor baixela, melhor porcelana. Havia muitos cristãos de diferentes nacionalidades entre os convidados, mas nenhum deles jamais mencionava sua fé, ainda que tal assunto pudesse fazer parte da conversa. As pessoas que eu haveria de encontrar na casa dos Mitchell, sentia eu, não seriam tão tímidas.

No dia seguinte, estava de novo na estrada, que agora já se tornava familiar, em direção à casa dos Mitchell. David e Synnove cumprimentaram-me calorosamente e apresentaram-me a seus amigos. Pergunto a mim mesma como teria me sentido se tivesse ficado sabendo, nesse dia, o grande papel que algumas dessas pessoas iriam desempenhar em minha vida.

O primeiro casal era Ken e Marie Old. Ken era um inglês, cujos olhos azuis brilhavam cheios de humor por trás de óculos espessos. Engenheiro civil com ar de informalidade tão fácil como as roupas amarrotadas que usava. Marie, sua esposa, era enfermeira norte-americana com uma atitude prática, desmentida por um lindo sorriso. Os outros também eram pessoas afetuosas e amigas.

Então, para meu horror, descobri que eu era o centro das atenções. Todos estavam ansiosos para ouvir as minhas experiências. O que esperava ser um jantar calmo transformou-se num período de perguntas e respostas. A sala de jantar estava em silêncio — até as crianças sentavam-se quietas — enquanto eu contava meus sonhos e meus encontros separados com as três pessoas divinas. No fim do jantar, David cumprimentou a esposa pela refeição, mas disse que o alimento espiritual de minha história fora ainda mais rico.

— Concordo — disse Ken Old. — Já a vi antes, a senhora sabe. Já morei em Wah. De manhã cedo, eu passava por seu jardim e admirava suas flores. Às vezes, a via no jardim, mas devo dizer que a senhora não parece a mesma mulher. — Eu sabia o que ele queria dizer. A Bilquis Sheikh de alguns meses atrás tinha sido uma pessoa que não sorria. — A senhora é como uma criança — continuou Ken — que de repente recebeu um presente. Em seu rosto, percebo uma admiração incrível por causa dessa dádiva. A senhora dá mais valor a ela do que a qualquer coisa que já possuiu.

Senti que gostava desse homem.

Tive conversas agradáveis com os outros e percebi que estivera certa. Esses cristãos eram muito diferentes dos cristãos que tinha encontrado em outros jantares. Antes de terminar a noite, cada pessoa havia contado um pouco do que o Senhor estava fazendo em sua vida. David tinha razão. A refeição fora excelente, mas o alimento verdadeiro vinha da Presença naquela casa pequena.

Nunca tinha visto nada parecido e comecei a desejar que pudesse conseguir esse tipo de alimento regularmente.

É por isso que, quando ia retirar-me, o comentário de Ken teve tão grande impacto sobre mim. Ken e Marie vieram a mim e pegaram-me pela mão.

— Você vai precisar de comunhão cristã regularmente, agora, Bilquis — disse Ken. — Gostaria de vir à nossa casa aos domingos à noite?

— Poderia? — insistiu Marie com esperança na voz. E foi assim que comecei a frequentar regularmente as reuniões com outros cristãos. Aos domingos à noite, reuníamo-nos na casa dos Old, uma habitação feita de tijolos cuja sala de estar mal podia acomodar a dezena de pessoas que ali se reuniam. Somente duas destas eram paquistanenses, o restante eram norte-americanos e ingleses. Conheci pessoas novas também, como o dr. e a sra. Christy. Esse médico norte-americano, magro e com aparência de grande energia, era um especialista de olhos, e sua esposa, enfermeira. Ambos pertenciam ao quadro de empregados do hospital da missão local. Nas reuniões, cantávamos, líamos a Bíblia e orávamos uns pelos outros. Rapidamente, essas reuniões tornaram-se o ponto alto da minha semana.

Então, certo domingo, não me senti com muita vontade de ir. Telefonei aos Old e dei algumas desculpas. Parecia uma coisa mínima. Mas quase instantaneamente comecei a sentir-me mal. O que era? Andei pela casa inquietamente, verificando o trabalho dos criados. Tudo estava em ordem, entretanto tudo parecia fora de ordem.

Então fui para meu quarto e ajoelhei-me para orar. Depois de algum tempo, Mamude entrou, tão silenciosamente que não percebi sua presença até sentir sua mãozinha suave na minha.

— Mamãe, a senhora está bem? — perguntou ele. — A senhora está com um rosto tão engraçado! — Sorri, assegurando-lhe que sim, que estava bem.

— Bem, a senhora fica andando por aí *procurando*, como se tivesse perdido alguma coisa.

Ele se foi, saltitando corredor abaixo. Então parecia que eu tinha perdido algo? Mamude tinha razão. E eu sabia o que havia perdido. Havia perdido o sentimento da glória de Deus. Ela havia desaparecido! Por quê? Será que tinha algo que ver com o não ir à reunião na casa dos Old? Ou não ter comunhão quando dela precisava?

Com um sentimento de urgência, telefonei para Ken e disse que estaria lá, afinal de contas.

Que diferença! Senti imediatamente, realmente senti, a volta do calor à minha alma. Fui à reunião como prometera. Nada incomum aconteceu. Entretanto, sabia que de novo estava andando em sua glória. Ken aparentemente tinha razão. Eu *precisava* de comunhão. Havia aprendido minha lição. Desse dia em diante, tomei a decisão de assistir às reuniões regularmente, a menos que o próprio Jesus me dissesse para não ir.

À medida que me aproximava mais de Deus, um passo aqui, outro ali, percebi que tinha mais fome de sua Palavra, a Bíblia. Todos os dias, assim que me levantava, começava a ler a Bíblia com um sentimento constante de *novidade*. A Bíblia tornava-se viva para mim, iluminando-me o dia, derramando luz em cada passo que eu devia dar. Era, de fato, meu perfume adorável. Mas aqui, também, descobri uma coisa estranha. Certo dia, Mamude e eu devíamos ir visitar sua mãe e passar o dia com ela. Fui para a cama tarde na noite anterior e não me sentia com vontade de levantar-me de madrugada a fim de passar uma hora com a Bíblia, de modo que disse a Raisham para acordar-me com o chá logo antes do horário em que devíamos sair.

Nessa noite, não dormi nada bem. Fiquei rolando, retorcendo-me na cama e tive sonhos ruins. Quando Raisham entrou, eu estava exausta. Percebi que o dia todo não saiu bem.

Estranho! Que estava o Senhor me dizendo? Ele esperava que eu lesse a Bíblia *todos* os dias?

Essa era a segunda vez em que eu parecia estar saindo da glória da presença do Senhor.

Apesar disso, a experiência deixou-me um estranho sentimento de emoção. Pois eu tinha o sentimento de estar vivendo, sem perceber, uma verdade importante. Havia horas em que eu estava na presença de Deus e experimentava aquele sentimento profundo de alegria e paz, e havia horas em que perdia o sentimento de sua presença.

Qual era o segredo? O que podia eu fazer para permanecer perto dele?

Pensei nos momentos em que ele parecia inusitadamente perto, retrocedi até meus dois sonhos e àquela tarde quando percebi a fragrância esquisita no meu jardim de inverno. Pensei na primeira vez que fui à casa dos Mitchell e nas vezes posteriores em que havia lido a Bíblia regularmente, e ido às reuniões dominicais na casa dos Old. Quase sempre, essas foram horas em que sabia que o Senhor estava comigo.

Também pensei nos momentos opostos, momentos em que sabia haver perdido o sentimento da sua proximidade. Como é que a Bíblia descrevia tal coisa? "E não entristeçais o Espírito de Deus" (Efésios 4.30). É isso que acontecia quando eu repreendia os criados? Ou quando falhava em alimentar meu espírito com a leitura regular da Bíblia? Ou quando simplesmente não ia à casa dos Old?

Parte do segredo em permanecer em sua companhia era a obediência. Quando eu obedecia, então ele permitia que eu permanecesse em sua presença.

Peguei a Bíblia e procurei no evangelho de João até encontrar o versículo no qual Jesus diz:

> Se alguém me ama, guardará a minha palavra;
> e meu Pai o amará, e viremos para ele e faremos nele morada.
>
> João 14.23

Era dessa maneira que a Bíblia expressava o que eu estava tentando dizer. Permanecer na glória. Era *isso* que eu estava tentando fazer!

E o segredo era a obediência.

— *Ó Pai* — orei —, *quero ser tua serva, como a Bíblia diz. Serei obediente a ti. Sempre pensei ser sacrifício desistir de minha própria vontade. Mas não é sacrifício porque faz que eu fique perto de ti. Como é que tua presença poderia ser um sacrifício?*

Eu ainda não me havia acostumado com essas horas nas quais o Senhor parecia falar tão direto à minha mente, como estou convencida de que ele o fez naquele instante. Quem, a não ser o Senhor, teria pedido que eu perdoasse a meu marido? *Ama a teu antigo marido, Bilquis. Perdoa-lhe.*

Por alguns instantes, fiquei sentada, em estado de choque. Sentir seu amor pelas pessoas em geral era uma coisa, mas amar o homem que tanto me havia magoado?

— *Pai, simplesmente não o posso fazer. Não desejo abençoar Khalid, nem perdoar-lhe.* — Lembrei-me de que uma vez havia infantilmente pedido que o Senhor não convertesse meu marido para que ele não sentisse a mesma alegria que eu possuía. E agora Deus pedia que eu amasse esse *mesmo* homem? Podia sentir a raiva crescer dentro de mim enquanto pensava em Khalid e rapidamente tirei-o do pensamento. — *Talvez eu simplesmente pudesse perdoar-lhe, Senhor. Isso não seria suficiente?*

Era minha imaginação ou o brilho da presença do Senhor pareceu diminuir? — *Não posso perdoar a meu marido, Senhor. Não tenho a capacidade para fazê-lo.*

— *Meu jugo é suave e o meu fardo é leve.*

— *Senhor, não posso perdoar-lhe!* — clamei. Então fiz uma lista mental de todas as coisas terríveis que ele havia praticado contra mim. Ao fazer isso, outras feridas vieram à superfície: mágoas que havia empurrado para o fundo da mente por serem humilhantes demais até mesmo para pensar nelas. O ódio crescia dentro de mim, e agora sentia-me totalmente separada de Deus. Amedrontada, gritei como uma criança perdida.

E rapidamente, miraculosamente, ele estava ali comigo em meu quarto. Lançando-me a seus pés, confessei meu ódio e minha incapacidade de perdoar.

— *Meu jugo é suave e o meu fardo é leve.*

Lenta e deliberadamente, entreguei meu fardo a ele. Abri mão de meu ressentimento, de minha mágoa, de minha ira e coloquei tudo em suas mãos. Subitamente, percebi uma luz surgindo dentro de mim, um brilho como o da aurora. Respirando livremente, corri até a penteadeira e apanhei a foto com a moldura dourada; olhei para o rosto de Khalid. Orei:

— *Ó Pai, desfaz meu ressentimento e enche-me com teu amor para com Khalid em nome de meu Senhor e Salvador Jesus Cristo.*

Fiquei ali em pé um longo tempo, olhando para a fotografia. Lentamente, o sentimento negativo dentro de mim começou a desaparecer. Em seu lugar, surgiu um amor inesperado, um sentimento de cuidado pelo homem da foto. Não podia acreditar. Estava, de fato, desejando o bem a meu ex-marido.

— *Oh, abençoa-o, Senhor, e dá-lhe alegria, faze-o feliz em sua nova vida.* — Ao exprimir esse desejo, uma nuvem negra desprendeu-se de mim. O peso foi removido de minha alma. Senti-me em paz e descontraída.

Uma vez mais, vivia em sua glória.

E uma vez mais não queria deixar sua companhia. Como lembrete a mim mesma desse desejo, desci até o andar térreo, embora fosse tarde da noite, e peguei um pouco de tinta henna. Com essa tinta, desenhei uma cruz grande nas costas de cada mão a fim de sempre me lembrar.

Nunca, se estivesse em meu poder, jamais sairia de sua companhia deliberadamente.

Levaria muito tempo, eu tinha certeza, para aprender a viver no brilho de sua presença, mas era uma época de treinamento que eu recebia com imensa emoção.

Então, certa noite, tive uma experiência aterradora. Eu não sabia que iria ter notícias do outro lado.

Capítulo 7

O Batismo com Fogo e com Água

Dormia profundamente naquela noite de janeiro de 1967, quando acordei espantada pelo sacudir violento da cama.

Seria um terremoto? Meu coração encheu-se de um terror indizível. Então percebi uma presença horrivelmente maligna em meu quarto; uma presença definitivamente demoníaca.

De repente, fui jogada para fora da cama; se no espírito ou no corpo físico, não sei. Mas fui jogada ao redor como uma palha num furacão. O rosto de Mamude relampejou perante mim, e meu coração clamou por sua proteção.

Isso devia ser a morte, pensei, minha alma estremecendo. A presença horrenda engolfou-me como uma nuvem negra e instintivamente clamei àquele que era tudo para mim. — *Oh, Senhor Jesus!* — Com isso, fui sacudida poderosamente, como o cão que estraçalha sua presa.

— *Estou cometendo um erro ao clamar a Jesus?* — gritei a Deus, no espírito. Com isso uma grande força surgiu dentro de mim e clamei: — *Invocarei o seu nome. Jesus! Jesus! Jesus!*

Pouco a pouco, a devastação amainou. Fiquei deitada adorando e louvando ao Senhor. Entretanto, por volta das 3 horas da manhã, minhas pálpebras tornaram-se pesadas demais, e voltei para a cama. Acordei de manhã quando Raisham me trouxe o chá. Fiquei deitada por alguns instantes sentindo um tremendo alívio. Ao fechar os olhos em oração, vi o Senhor Jesus Cristo de pé perante mim. Trazia uma veste branca e uma capa escarlate. Sorriu gentilmente para mim e disse:

— *Não se preocupe; isso não acontecerá mais.*

Percebi, então, que essa experiência cruciante fora satânica, um teste permitido por Jesus para o meu próprio bem. Lembrei-me do grito que havia partido de dentro de minha alma: — *Invocarei o seu nome. Jesus! Jesus! Jesus!*

Meu Senhor ainda estava perante mim.

— *Chegou a hora de você ser batizada com água, Bilquis* — acrescentou ele.

Batismo com água! Eu tinha ouvido as palavras bem distintamente e não gostei do que ouvira. Vesti-me rapidamente e pedi a Nur-jan e Raisham que não deixassem ninguém importunar-me até a hora do almoço. Deixei-me ficar à janela pensando. O ar da manhã era fresco; pálidos vapores subiam das fontes do jardim. Eu sabia que a significação do batismo não era totalmente desconhecida ao mundo muçulmano. Pode-se ler a Bíblia sem despertar muita hostilidade, mas o sacramento do batismo é outra história. Para o muçulmano, esse é o sinal de que o convertido renunciou à sua fé islâmica a fim de se tornar cristão. Para o muçulmano, o batismo significa apostasia.

De modo que aqui estava um ponto difícil. O assunto estava bem claro. Eu me sujeitaria ao temor de ser tratada como pária ou, ainda pior, traidora, ou obedeceria a Jesus?

Antes de tudo, eu tinha de ter certeza de estar realmente obedecendo ao Senhor, e não a alguma ilusão. Minha vida cristã era recente demais para confiar em "vozes". Qual seria a melhor forma de testar minha impressão senão mediante a leitura da Bíblia? Portanto, voltei à Bíblia e li que o próprio Jesus havia sido batizado no rio Jordão. Examinei novamente a carta de Paulo aos Romanos, na qual ele se referia a essa cerimônia como morte e ressurreição. O "velho homem" morre, e levanta-se uma nova criatura, deixando todos os pecados para trás.

Bem, então estava decidido. Se Jesus foi batizado e se a Bíblia exigia o batismo, estava claro que eu devia obedecer.

Nesse mesmo instante, toquei a campainha chamando Raisham.

— Por favor, diga ao Manzur para aprontar o carro — disse eu. — Vou visitar os Old depois do almoço.

Em breve, estava eu de novo sentada na sala de estar de Marie e Ken. Falei precipitadamente, como sempre o fazia:

— Ken — disse eu, encarando-o —, tenho certeza de que o Senhor me mandou ser batizada.

Ele olhou-me por um longo instante com o sobrolho franzido tentando medir a profundeza de minha intenção. Então inclinou-se para a frente e disse, muito, muito seriamente:

— Bilquis, você está preparada para o que pode acontecer?

— Sim, mas... — comecei a responder. Ken interrompeu-me em voz baixa.

— Bilquis, outro dia encontrei um paquistanense que me perguntou se tinha sido varredor de ruas em meu próprio país. — Olhou-me de frente. — Você compreende que desse momento em diante não seria mais *a* Begum Sheikh, a respeitada senhora feudal com gerações de prestígio? Que dessa hora em diante você estaria relacionada com os cristãos varredores de rua daqui?

— Sim — respondi. — Sei disso.

Suas palavras tornaram-se ainda mais firmes; fiz-me de aço a fim de olhá-lo de frente.

— E você sabe — continuou ele — que o pai de Mamude pode facilmente tirá-lo de você? Ele pode rotulá-la de tutora indigna.

Meu coração desfaleceu. Já me havia preocupado com isso, mas ouvir Ken dizer tal coisa em voz alta fazia a possibilidade se tornar mais acentuada.

— Sim, eu sei, Ken — disse fracamente. — Compreendo que muitas pessoas pensarão que estou cometendo um crime. Mas desejo ser batizada, devo obedecer a Deus.

Nossa conversa foi interrompida pela chegada inesperada dos Mitchell. Ken contou-lhes imediatamente que tínhamos algo importante para resolver. — Bilquis — disse ele — deseja ser batizada. Silêncio. Synnove tossiu.

— Mas não temos um tanque para isso — disse David.

— E que tal a igreja de Peshawar? — perguntou Marie. — Eles não têm um tanque?

Tive outro desfalecimento. Peshawar é a capital da província fronteiriça noroeste. Em todo o sentido da palavra, é um território fronteiriço, uma cidade provinciana habitada por muçulmanos conservadores notórios por sua rapidez em tomar medidas. Bem, concluí, aí vai qualquer sigilo que eu pudesse ter conservado. Dentro de uma hora, toda a cidade ficaria sabendo.

Ficou assentado que Ken faria os preparos a fim de irmos a Peshawar. O pastor de lá nos mandaria notícias em um ou dois dias.

Nessa noite, meu telefone tocou. Era meu tio-avô Fateh. Eu amava muito esse idoso cavalheiro. Ele sempre estivera tão interessado por minha instrução religiosa.

— Bilquis? — a voz autoritária do meu tio parecia perturbada.

— Sim, tio.

— É verdade que você está lendo a Bíblia?

— Sim. — Perguntei a mim mesma como é que ele sabia. E o que mais teria ouvido?

Tio Fateh limpou a garganta: — Bilquis, *jamais* converse a respeito da Bíblia com nenhum desses cristãos. Você sabe quão argumentadores eles são. Seus argumentos sempre levam à confusão.

Quis interrompê-lo, mas suas palavras sobrepujaram as minhas.
— Não convide ninguém... — enfatizou — ... *ninguém* à sua casa sem me consultar! Se o fizer, você sabe que a família não ficará do seu lado.

Tio Fateh fez silêncio por uns instantes. Aproveitei a oportunidade.

— Tio, ouça-me. — Havia um silêncio forçado no outro lado da linha. Fui em frente: — Tio, como o senhor pode lembrar-se, ninguém jamais entrou em minha casa sem um convite meu. — Meu tio lembraria, sim: todo mundo sabia que eu me recusava a receber visitas sem arranjo prévio.

— O senhor sabe — concluí — que verei quem eu quiser. Até logo, tio.

Desliguei. Seria isso um presságio das coisas que viriam do restante da minha família? Se a reação do tio Fateh foi tão forte pelo simples fato de saber que eu estava lendo a Bíblia, o que aconteceria quando ele e o restante de minha família soubessem do meu batismo? Essa ideia não me agradava nada.

Isso, porém, somente aumentava meu desejo de ser batizada imediatamente. Eu não tinha certeza de *poder* resistir à pressão das muitas pessoas a quem amava.

Ken não dava notícias.

Na manhã seguinte, ao ler a Bíblia, outra vez deparei-me com a história do eunuco etíope a quem Filipe havia levado a mensagem de Deus. A primeira coisa que o eunuco fez, ao ver a água, foi saltar da carruagem a fim de ser batizado. Era como se o Senhor estivesse dizendo novamente:

— *Batiza-te, e faze-o agora!*

Eu tinha certeza de que ele queria dizer que, se eu esperasse um pouco mais, algo ou alguém poderia impedir meu batismo.

Pulei da cama, compreendendo, com poder novo, que forças enormes se dispunham a fim de impedir-me de fazer o que o Senhor queria que eu fizesse. Pus a Bíblia na mesa, chamei as criadas, que rapidamente me vestiram, e logo eu estava na estrada em direção à casa dos Mitchel.

— David — disse eu, ainda na soleira da porta —, há alguma resposta de Peshawar?

— Não, ainda não.

Minha voz elevou-se: — Você não pode batizar-me aqui, hoje? Agora?

David franziu a testa. Levou-me para dentro, tirando-me ao ar frio da manhã. — Ora, Bilquis, não nos devemos precipitar com um passo dessa envergadura.

— Devo obedecer ao meu Senhor. Ele diz-me que me apresse.

— Contei-lhe da leitura bíblica matinal e da nova insistência de que me batizasse antes que qualquer coisa me acontecesse.

David estendeu as mãos, desnorteado. — Devo levar Synnove a Abbottabad esta tarde, e não há nada que possa fazer agora, Bilquis.

Pegou-me pelo braço e disse: — Seja paciente, Bilquis. Tenho certeza de que receberemos notícias de Peshawar amanhã.

Dirigi-me à casa dos Old.

— Por favor — clamei enquanto Ken e Marie me cumprimentavam —, há alguma maneira de eu ser batizada imediatamente?

— Perguntamos a nosso pastor — disse Ken, tomando-me pelo braço e levando-me para a sala de estar. — Ele disse que o assunto todo deve ser levado à sessão.

— Sessão? — ecoei. — O que é isso?

Ele explicou que o pastor desejava batizar-me, mas para isso devia ter a aprovação da junta administrativa da igreja. — Isso pode levar vários dias — acrescentou ele —, e nesse ínterim qualquer coisa pode acontecer.

— Sim — suspirei —, a notícia se espalharia. — Minha mente percorreu desesperadamente todas as circunstâncias possíveis.

Então Ken contou-me uma coisa espantosa. No meio da noite, ele havia ouvido a voz de um homem dizendo-lhe: — *Abra sua*

Bíblia na página 654. Que maneira estranha, pensou ele, *de dar uma referência bíblica!* Era Jó 13.14; o versículo parecia rebrilhar. Leu o versículo que tanto o havia abençoado e que parecia dirigido a mim. Começava assim: "Tomarei a minha carne nos meus dentes, e porei a vida na minha mão. Ainda que ele me mate, nele confiarei".

Será que eu estava pronta para *isso*?, perguntava-me a mim mesma. Minha confiança tinha *essa* fortaleza? Levantei-me e tomei o braço de Ken. — Batize-me com água agora. E então, embora ele me mate, estarei preparada. Estarei melhor no céu com meu Senhor.

Amontoei-me numa cadeira e olhei para Ken, desculpando-me: — Sinto muito, Ken. Estou ficando perturbada. Mas de uma coisa sei: o Senhor disse que eu devia ser batizada agora. Vou diretamente ao ponto: você vai ajudar-me ou não?

Ken sentou-se numa cadeira, passou a mão pelo cabelo cor de areia.

— É claro — disse ele, olhando para Marie. — Por que não vamos à casa dos Mitchell e não verificamos se há alguma coisa que podemos fazer?

Dirigimo-nos de volta pelas ruas tortuosas de Wah. Sentamo-nos em silêncio por alguns instantes com os Mitchell na sala de estar, em oração. Então Ken, suspirando profundamente, inclinou-se para a frente e disse a todos nós:

— Tenho certeza de que todos concordamos em que Deus tem dirigido Bilquis de uma maneira muito singular até agora. E se ela insiste em que a urgência em ser batizada vem de Deus, então não sirvamos de empecilho. — Voltou-se para David: — Você vai a Abbottabad. Que tal se Marie e eu levássemos Bilquis lá hoje, encontrássemos você e Synnove, e arranjássemos para Bilquis ser batizada lá nesta tarde? Esqueçamos Peshawar.

Subitamente, isso parecia a coisa certa, e todos nós começamos a fazer os preparativos. Corri para casa, disse a Raisham que colocasse na mala um conjunto de roupas extra, roupas essas, disseram os Old, de que eu iria necessitar.

— Algo que seja resistente à água — dissera Ken.

Entretanto, no meio de tudo isso, sentia-me inquieta. Sentia até mesmo a diminuição da proximidade do Senhor. Não me tinha ele dado, de várias maneiras, uma instrução específica e urgente? Não me tinha ele dirigido a batizar-me com água *agora*?

Um pensamento cruzou-me a mente. Desfiz-me da ideia. Era inimaginável.

Contudo, ao persistir o pensamento, perguntei ao meu Senhor, em oração:

— *Será que podia ser, Deus Pai?*

E assim, no dia 24 de janeiro de 1967, teve início um batismo muito incomum.

Raisham estava em pé, diante de mim, em resposta a meu chamado.

— Sim — disse de novo. — Por favor, encha a banheira.

Tornou a seu dever, com uma expressão de incredulidade no rosto; eu nunca havia tomado banho a essa hora do dia.

Raisham anunciou que o banho estava pronto. Mandei-a sair. O que então fiz pode ter alguns problemas teológicos. Mas eu não estava pensando em termos teológicos. Estava simplesmente tentando obedecer a um impulso forte, apoiado pelas Escrituras. Eu devia ser batizada *agora*, e com os impedimentos que, percebia estarem-se juntando, tinha receio de esperar até a tarde.

De modo que, por desejar mais do que qualquer outra coisa no mundo permanecer na presença do Senhor, e a maneira de fazer isso era mediante a obediência, fui ao banheiro e entrei na banheira. Ao sentar-me, a água quase me chegava ao ombro. Coloquei a mão sobre minha própria cabeça e disse em voz alta:

— Bilquis, eu te batizo em nome do Pai, do Filho e do Espírito Santo. — Afundei-me na água de modo que meu corpo inteiro ficasse totalmente imerso.

Saí da água regozijando-me, clamando e louvando a Deus.

— *Oh, Pai, obrigada. Sou tão feliz!* — Eu *sabia* que meus pecados haviam sido lavados e que eu era aceitável aos olhos do Senhor.

Não tentei explicar a Raisham o que tinha feito, e ela, com seu jeito costumeiro e reservado, não perguntou. Dentro de alguns minutos, estava vestida, esperando que os Old viessem levar-me ao meu batismo em Abbottabad. De novo, não sabia qual seria a teologia da situação, mas conhecia meus motivos; esses amigos cristãos tinham tanto cuidado de mim, tinham-me ajudado tanto, haviam passado por muita coisa por mim, e eu não desejava complicar ainda mais a situação. Prosseguiria com o batismo, embora certo instinto me dissesse que eu já tinha feito o que o Senhor desejava. Tentei ler a Bíblia, mas meu espírito regozijava-se de tal modo que eu era incapaz de concentrar-me. Estava de volta à glória, assim como sempre voltara, ao obedecer-lhe explicitamente, tendo a Bíblia como única diretriz.

— Begum Sahib, Begum Sahib?

Levantei os olhos, era Raisham. Dizia ela que os Old estavam embaixo, esperando.

Disse a Mamude que ficaria fora o resto do dia. Achei melhor ele não se envolver demais no acontecimento que poderia ter consequências desagradáveis. Então desci para juntar-me a Ken e a Marie.

Levamos duas horas de viagem até Abbottabad, por uma estrada alinhada de pinheiros de ambos os lados. Não mencionei meu batismo na banheira. Em vez disso, falei das muitas vezes que havia passado por essa mesma estrada indo a acampamentos com a família, seguida por vários carros carregados de bagagem. Silenciosamente, perguntava-me a mim mesma se devia sentir-me desleal a essa antiga herança.

Quando chegamos à missão, encontramos os Mitchell esperando juntamente com um médico canadense e sua esposa: Bob e Madeline Blanchard, nossos anfitriões. Com eles, estava um senhor paquistanense.

— Este cavalheiro — disse Synnove — é Padri Bahadur, o ministro que a batizará.

Olhei para as outras pessoas; estavam também presentes um médico anglicano e outro ministro paquistanense.

—Talvez isso seja profético, Bilquis — disse Synnove. — Pode ser que por sua causa muitos cristãos se unam, pois esta talvez seja a primeira vez no Paquistão que os batistas, os presbiterianos e os anglicanos se unam numa cerimônia de batismo.

Reinava certa atmosfera de emoção na sala: portas fechadas, cortinas cerradas; fiquei imaginando como devia ter sido no primeiro século quando os cristãos faziam os batismos nas catacumbas romanas.

Enquanto nos preparávamos para a cerimônia, olhei ao meu redor e perguntei:

— Mas onde está o tanque?

Não existia nenhum. Ken disse que eu teria de ser aspergida.

— Mas Jesus foi imerso no rio Jordão — disse eu. Havíamos atravessado um rio logo antes de chegar à sede da missão.

— Por que não me levam de volta ao rio? — perguntei; então lembrei-me de que estava fazendo muito frio e que os outros também teriam de entrar na água. Eu não queria forçar a questão. Especialmente por ter certeza de já ter recebido o sacramento.

Assim, fui batizada de novo, dessa vez por aspersão. Enquanto estava sendo aspergida, pensei em como o Senhor devia estar rindo. Depois da cerimônia, levantei os olhos e vi lágrimas descendo pelas faces dos outros na sala.

— Bem — sorri —, essa choradeira toda certamente não me encoraja nada!

— Oh, Bilquis — Synnove limpava o nariz; veio até mim, lançou os braços ao meu redor e não pôde prosseguir.

— Parabéns! — disseram todos, um a um. Synnove cantou um hino, Ken leu a Bíblia; e já era hora de voltar para casa.

Foi uma viagem calma. Não havia ansiedade entre nós; era bom estar com os cristãos. Dissemos adeus, outra vez, entre lágrimas, e entrei em casa.

Meu humor agradável foi desfeito no instante em que cheguei. A caseira correu ao meu encontro, olhos arregalados, ansiedade na voz:

— Oh, Begum Sahib, sua família esteve aqui perguntando pela senhora! Dizem que sabem que a senhora está se misturando com os cristãos, e...

Levantei a mão.

— Pare com isso! — ordenei, silenciando a conversa. — Diga-me quem veio.

Enquanto a caseira recitava os nomes dos que tinham vindo a minha casa naquele dia, uma nova apreensão inundou meu ser. Esses eram os membros mais velhos de minha família: tios, primos, tias, pessoas que somente viriam a minha casa dessa maneira por causa de um assunto vitalmente importante.

Meu coração desfaleceu. Nessa noite, jantei com Mamude, tentando não deixar meus temores aparecerem, mas, logo que ele foi para cama, eu também me retirei para meus aposentos. Olhei para fora, através da filigrana da janela; a neve tinha parado de cair, e, à luz da lua invernal, podia distinguir os esboços do jardim que tanto amava! Ao meu redor, percebi o conforto da antiga e querida casa, meu santuário, meu retiro.

E agora? Será que me permitiriam conservar a casa? Era um pensamento estranho, pois sempre tivera a segurança da família, do dinheiro e do prestígio. Entretanto, sentia, sem dúvida alguma, que esse pensamento também era profético. Os poderes que eu sabia estarem-se juntando contra mim haviam começado já a manifestar-se através de minha família. Muito do meu "poder", muito de minha "segurança", estava na família. O que aconteceria se, de repente, todos eles começassem a opor-se a mim?

Certamente, esse era o motivo pelo qual o Senhor insistira em que me batizasse imediatamente. Ele me conhecia. Ele sabia onde eu era mais vulnerável.

Deixei-me ficar a olhar para fora da janela. A sombra oscilante das árvores brincava nas filigranas da janela.

— *Ó Senhor!* — orei —, *por favor, não deixes que eles me ataquem todos de uma vez. Por favor, que venha um de cada vez.*

Nem bem acabei de murmurar essas palavras, ouvi uma batida na porta. A criada do andar térreo entrou e entregou-me um pacote.

— Isto acaba de ser entregue — disse ela.

Rasguei o embrulho, com impaciência, e encontrei uma Bíblia com a seguinte dedicatória: *À nossa querida irmã, no dia do seu aniversário.* Estava assinado: "Ken e Marie Old".

Apertei-a contra o peito, agradecendo a Deus amigos tão bons. Abri-a então, e meus olhos caíram numa página em que estas palavras pareciam se destacar: "Eu os espalharei para longe [...]".

Naquele instante, o significado destas palavras era para mim um mistério.

Capítulo 8

Havia Proteção?

Acordei na manhã seguinte cheia de apreensão. Hoje, a família viria de novo, todos juntos ou um de cada vez. De qualquer maneira, temia o confronto horrível. Sentia o pavor das acusações, das advertências iradas, das ameaças e dos engodos que eu sabia estavam para acontecer. Acima de tudo, odiava magoá-los.

Não acreditando, de verdade, que Deus responderia a meu pedido, fiz que Raisham tirasse meus melhores saris; escolhi o mais atraente, mandei recado ao guarda no portão: receberia todos os visitantes hoje, e então fui para a sala de visitas. Sentei-me em uma das cadeiras de seda branca e li enquanto Mamude zigue-zagueava seus carrinhos de brinquedo pelo desenho do tapete persa no assoalho da sala.

O gigantesco relógio entalhado, na parede do corredor bateu 10 horas, 11, finalmente meio-dia. *Bem,* pensei, *parece que planejam deixar a visita para a tarde.*

O almoço foi servido. Depois da refeição, enquanto Mamude tirava uma soneca, continuei a esperar. Finalmente, às 15 horas, ouvi o barulho de um carro que parava à porta. Preparei-me para a batalha. O carro se afastou! Que estava acontecendo? Perguntei à criada, e ela simplesmente disse que era alguém fazendo entregas.

A noite escurecia as janelas altas da sala de visitas. As sombras empilhavam-se altas no teto. Um chamado telefônico para mim. Olhei para o relógio: 19 horas. Será que iam telefonar em vez de virem em pessoa?

Apanhei o telefone e ouvi uma voz suave, muito minha conhecida. Era Marie Old. Ela parecia muito preocupada. Certamente que a notícia de minha conversão já se tinha espalhado, como provava a invasão dos parentes no dia anterior. Então por que a preocupação?

— Você está bem? — disse Marie. — Estou preocupada com você.

Assegurei-lhe que estava bem. Ao desligar, pedi que me trouxessem o casaco e que aprontassem o carro. Nessa época do ano, minha família geralmente não fazia visitas depois das 20 horas, de modo que achei seguro sair de casa. Estranho que nem um parente houvesse telefonado nem vindo visitar-me.

Eu necessitava da segurança de alguém da minha família cristã. Os Old? Por que teria Marie me telefonado tão misteriosamente? Dirigi-me à casa dos Old e fiquei surpresa em encontrá-la completamente às escuras.

Então, inesperada e abruptamente, fiquei alarmada. Parada no portão de entrada do jardim, eu podia sentir o medo invadindo-me, tocando-me com um horror viscoso e úmido. Pensamentos tenebrosos vieram a mim de cantos sombrios do jardim. Certamente que havia sido estultícia minha sair a sós no meio da noite! O que era aquilo ali nas sombras? Meu coração disparou.

Voltei-me. Estava para correr de volta ao carro.

Então parei. Não! Não era assim que eu devia agir. Se eu fazia parte do Reino, tinha direito à proteção do Rei. Em pé, na escuridão horrível, ainda com muito medo, deliberadamente coloquei-me de volta nas mãos do Rei.

— *Jesus! Jesus! Jesus!* — Repeti muitas vezes. O medo desapareceu de uma maneira incrível. Assim como chegara, se fora. Eu estava livre!

Agora, quase sorrindo, dirigi-me para a casa dos Old. Depois de alguns passos, vi um fio de luz por entre duas cortinas abertas na sala de estar. Bati.

A porta abriu-se lentamente. Era Marie. Ao ver-me, deu um suspiro de alívio e rapidamente levou-me para dentro com um abraço.

— Ken! Ken! — gritou ela.

Ele apareceu num instante.

— Oh, graças a Deus! — exclamou ele. — Estávamos muito preocupados com você. — Ken disse-me que o pastor paquistanense que me batizara ficou muito preocupado por minha segurança e lhes dissera que haviam cometido um grande erro ao deixar-me sozinha.

— Então é por isso que você parecia tão preocupada ao telefone, Marie!? — Suprimi uma risada nervosa. — Bem, é certo que o país inteiro logo há de saber de minha conversão, mas obrigada de qualquer forma. Até agora, nada aconteceu. Até minha família não apareceu, e vocês não sabem quão grata sou por essa resposta à oração.

— Agradeçamos ao Senhor — disse Ken, e nós três ajoelhamo-nos na sala de estar enquanto Ken agradecia a Deus minha proteção e pedia-lhe que continuasse a proteger-me.

Assim, voltei para casa, mais rica por ter clamado pela ajuda do Senhor em face do medo, valendo-me do nome de Jesus. Meus criados disseram que ninguém havia telefonado naquela noite. *Bem,* pensei, enquanto me arrumava para a cama, *prepare-se para amanhã.*

De novo, esperei na sala de visitas o dia todo, orando, pensando, estudando o mosaico dos ladrilhos do assoalho e o desenho do tapete persa. Não tive notícias de ninguém.

O que estava acontecendo? Será que isso era algum jogo de gato e rato?

Então veio-me a ideia de interrogar os criados. No Paquistão, se a pessoa quiser saber de alguma coisa, é só perguntar a um criado. Mediante uma ramificação inteligente, sabe tudo a respeito de todo mundo.

Finalmente, encantoei Nur-jan:

— Diga-me, o que aconteceu com minha família?

— Oh, Begum Sahib — respondeu ela, suprimindo um risinho nervoso —, a coisa mais estranha aconteceu! Foi como se todo mundo tivesse ficado ocupado ao mesmo tempo. Seu irmão teve de ir ao torneio anual de inverno de críquete. — Sorri; para meu irmão, críquete era mais importante que uma irmã a caminho do inferno. — Seu tio Fateh teve de sair da província por causa de um julgamento; sua tia Amina precisou ir a Lahore; dois de seus primos foram chamados para fora da cidade a negócios e...

Interrompi-a; não precisava continuar. O Senhor tinha dito que os espalharia e realmente os espalhou. Quase podia ouvir o Senhor rindo à socapa. Eu tinha certeza de que os preocupados membros de minha família não me deixariam em paz, mas agora teriam de aparecer um a um.

Assim aconteceu. O primeiro emissário foi tia Amina, uma senhora da realeza em seus 70 anos, cuja beleza oriental de alguma forma sempre parecia fora de lugar em minha sala de visitas com a moderna mobília ocidental. Por muitos anos, tínhamos tido um relacionamento íntimo de amor e confiança. Agora, ao entrar, sua tez de magnólia estava ainda mais pálida que de costume, e os olhos de cor cinza pareciam rodeados de tristeza.

Conversamos um pouco. Finalmente, percebi que ela estava pronta para apresentar o verdadeiro motivo de sua visita. Limpando a garganta, endireitou-se na cadeira e, tentando parecer casual, perguntou:

— Ah... Bilquis... ah... ouvi... que você se tornou cristã. É verdade?

Sorri para ela apenas.

Ela mudou de posição inquietamente na cadeira e continuou:

— Pensei que as pessoas estavam espalhando falsos rumores a seu respeito. — Hesitou ela, os olhos suaves implorando-me que dissesse que tudo não passava de uma mentira.

— Não é mentira, tia Amina — disse eu —, fiz uma entrega completa a Cristo. Fui batizada. Agora sou cristã.

Ela bateu com as palmas das mãos nas bochechas.

— Oh, que grande erro! — exclamou. Ficou sentada completamente imóvel por alguns instantes, incapaz de acrescentar qualquer coisa. Então, lentamente, enrolou-se no xale, levantou-se e com dignidade fria saiu da casa.

Fiquei esmagada, mas pedi ao Senhor que a protegesse da mágoa devastadora que estava sentindo. Eu sabia que tinha de descobrir a oração dele para a minha família. De outra forma, deixaria uma esteira de pessoas amadas feridas atrás de mim.

— *Senhor* — disse eu —, *o ideal, é claro, seria que cada uma dessas pessoas viesse a conhecer-te. Mas sei que ainda que não se convertam, tu as ama, e neste instante peço-te que toques cada uma dessas pessoas amadas com tua bênção especial, começando, por favor, com tia Amina. Obrigada, Senhor!*

No dia seguinte, tive de fazer a mesma oração. Dessa vez, foi por Aslam, um querido e idoso primo que veio ver-me. Era advogado e morava cerca de 80 quilômetros distante de Wah. Como filho do irmão de meu pai, tinha herdado muitas das características deste; o mesmo sorriso afetuoso, o mesmo senso de humor gentil. Eu gostava de Aslam. Da atitude dele, depreendi que não havia ouvido os particulares do meu problema. Trocamos algumas galanterias, e então Aslam disse:

— Quando é a reunião da família? Virei apanhá-la e iremos juntos.

Ri.

— Não sei quando será a reunião da família, Aslam, mas sei que não serei convidada porque a reunião é por minha causa.

Ele parecia tão confuso que senti que devia explicar tudo.

— Mas, por favor, vá à reunião, Aslam — disse eu, ao terminar a explicação. — Talvez você possa dizer alguma coisa boa por mim.

Observei-o sair tristemente da casa; era óbvio, concluí, que o clímax se aproximava. Era melhor eu ir a Rawalpindi e a Lahore assim que pudesse. Eu não queria que Tooni e meu filho Khalid ouvissem histórias distorcidas a meu respeito. Não havia nada que eu pudesse fazer pessoalmente por minha filha Khalida que morava na África. Mas poderia encarar Khalid e Tooni. Logo no dia seguinte, parti para Lahore. Khalid tinha-se saído muito bem nos negócios, e sua casa bem o refletia. Um bangalô adorável na cidade, cercado de varandas largas e um gramado imaculadamente bem cuidado.

Entramos pelo portão, estacionamos à entrada e subimos para a larga varanda. Khalid, que tinha sido alertado pela família e por meu interurbano, apressou-se a cumprimentar-me.

— Mãe! Que prazer em vê-la! — disse ele, embora eu pudesse perceber um pouco de embaraço em suas boas-vindas. Conversamos toda aquela tarde a respeito do que eu tinha feito, mas no final percebi que Khalid não compreendia de maneira alguma.

Em seguida, tinha de ir ver Tooni. Dirigi-me a Rawalpindi e fui direto ao hospital. Pedi que a chamassem pelo sistema de alto-falantes, e, enquanto esperava, meditava em como devia contar tudo a ela. Indubitavelmente, ela já devia ter ouvido algumas histórias. É certo que ela sabia, em primeira mão, que eu estivera lendo a Bíblia. Ela podia até ter ouvido alguns trechos de minha conversa com a freira católica, a dra. Santiago, nesse mesmo hospital no dia em que Mamude foi internado. Uma coisa ela certamente *não* sabia: quanto aquela conversa com a dra. Santiago tinha mudado minha vida, pois foi essa pequena freira que me encorajou a orar a Deus como meu Pai.

— Mãe!

— Levantei os olhos e vi Tooni apressando-se em minha direção, o cabelo castanho em definido contraste com o uniforme branco e engomado; rosto sorridente, braços abertos.

Levantei-me com o coração aos pulos. Como é que havia de dar-lhe as notícias? Tentei pensar em maneiras gentis, mas o temor da pressão da parte de Tooni era demais para mim. Sem fazer rodeios, coloquei tudo para fora.

— Tooni — disse eu —, prepare-se para um choque, querida. Dois dias atrás, eu fui... eu fui *batizada*.

Tooni estacou, a mão meio estendida; os olhos sensíveis enchiam-se de lágrimas. Deixou-se cair no divã ao meu lado.

— Eu pensei que ia acabar assim — disse ela com uma voz quase inaudível.

Tentei confortá-la, mas não tive êxito.

— Não há motivo para fingir trabalhar — disse Tooni. Assim, pediu licença para sair mais cedo, e juntas dirigimo-nos para seu apartamento. O telefone de Tooni estava tocando enquanto destrancava a porta; entrou apressada, apanhou o aparelho e voltando-se para mim disse:

— É Nina.

Nina era uma sobrinha que morava em Rawalpindi. — Ela quer saber se é verdade. — Voltou-se para o telefone, pois Nina, evidentemente, havia começado a falar de novo; e de onde estava eu podia ouvir a voz de Nina aumentando de volume. Então Tooni disse suavemente: — Sim, é verdade, Nina. Ela o fez. — Nina deve ter batido com o fone, porque Tooni tirou o aparelho do ouvido, olhou para ele, deu de ombros e lentamente colocou-o na base. Era melhor dar-lhe tempo para coordenar seus pensamentos. Por isso, apanhei minhas coisas e dispus-me a sair.

— Venha visitar-me, querida — disse eu — quando sentir vontade. Conversaremos. — Tooni não fez objeção alguma, de modo que em alguns minutos eu estava de volta na Rodovia Tronco Grande em direção a minha casa. No instante em que cheguei, meus criados rodearam-me. Nur-jan esfregava as mãos gordas; o rosto de Raisham estava mais pálido do que de costume. O telefone havia tocado o dia todo, os parentes tinham estado ao portão desde cedo da manhã perguntando por mim. E, no meio da conversa dos criados, o telefone tocou de novo. Era Jamil, marido de minha irmã que trabalhava para uma companhia de petróleo britânica. Eu sempre havia pensado nele como um homem do mundo, mas agora sua voz não parecia ter muita segurança.

— Bilquis, ouvi a coisa mais estranha e não posso acreditar — disse ele, sem nenhuma cerimônia. — Um colega de trabalho contou-me ter ouvido que você se tornou cristã. É claro que ri dele e assegurei-lhe que isso jamais poderia acontecer.

A notícia realmente estava-se espalhando rapidamente! Eu não disse nada.

— Bilquis! — A voz de Jamil insistia. — Você me *ouviu*?
— Sim.
— Essa história não é verdade, é?
— Sim.

Outro silêncio.

— Bem, isso é bom — retrucou Jamil. — Você perdeu mais do que pode imaginar. E por quê? Por outro ponto de vista religioso. É por isso. — Desligou.

Em dez minutos, Tooni estava ao telefone soluçando:

— Mamãe, tio Nawaz acaba de me telefonar dizendo que agora o pai de Mamude poderá levá-lo de volta. Nawaz diz que tribunal algum permitirá que você fique com ele!

Tentei confortá-la, mas ela desligou soluçando.

Mais tarde naquela noite, enquanto Mamude e eu jantávamos em meu quarto, Tooni e duas de minhas sobrinhas vieram a casa. Fiquei espantada com a palidez do rosto delas.

— Por favor, sentem-se e jantem comigo — disse eu. — Mandarei as criadas trazerem o seu jantar. — Tooni e minhas sobrinhas apenas tocaram na comida. Estava contente em ver as duas jovens, mas era claro o mesmo sentimento não era compartilhado por elas. A conversa foi trivial, e as três mulheres olhavam para Mamude como que sugerindo que ele fosse brincar lá fora. Só depois de ele sair é que uma das sobrinhas finalmente inclinou-se para a frente com ansiedade, dizendo:

— Tia, a senhora compreende o que isso significa para os *outros*? — Debulhou-se em lágrimas. — A senhora pensou nos outros? — Sua pergunta ecoava nos olhos castanhos da outra sobrinha que estava sentada silenciosamente à minha frente.

Estendi a mão por cima da mesa e apertei a da garota. — Minha querida — disse eu tristemente —, não há nada que eu possa fazer, a não ser obedecer.

Tooni agora olhava-me com olhos chorosos e, como se não tivesse ouvido nada do que eu dissera, suplicava:

— Mãe, faça a mala e vá embora. Vá enquanto há alguma coisa... ou *alguém*... com quem sair.

Sua voz aumentou de volume. — A senhora sabe o que estão dizendo por aí? A senhora será atacada. Seu próprio irmão pode ser levado a agir contra a senhora! — E começou a soluçar. — Meus amigos dizem que a senhora será assassinada, mamãe!

— Sinto muito, Tooni, mas não vou fugir — respondi gentilmente. — Se eu sair agora, haveria de correr pelo resto da vida. — A determinação crescia dentro de mim enquanto falava. — Se desejar, Deus pode facilmente cuidar de mim em minha própria casa. E ninguém, *ninguém* — disse eu — irá me expulsar. — Endireitei-me na cadeira, de repente sentindo-me muito dramática. — Que me venham atacar!

Então, enquanto me sentia tão ferozmente segura de mim mesma, algo aconteceu. A presença afetuosa de Deus desapareceu. Fiquei sentada, quase em pânico, esquecida das vozes que se elevavam ao meu redor. Mas subitamente compreendi o que havia acontecido. A minha velha natureza, cheia de orgulho e teimosia, havia assumido o controle. *Eu* estava decidindo o que haveria de acontecer, que ninguém me expulsaria de minha própria casa.

Afundei-me na cadeira, quase sem perceber que Tooni estava falando comigo.

— ... está bem então, mamãe? — clamou Tooni. — Então, a senhora virou cristã. Mas deve também tornar-se mártir? — Ajoelhou-se ao pé da cadeira e colocou a cabeça no meu ombro. — A senhora não compreende que a amamos?

— É claro, querida, é claro — murmurei, acariciando-lhe o cabelo. Em silêncio, pedi o perdão de Deus por ser tão cabeça-dura. Aonde quer que ele quisesse levar-me, estava bem, ainda que significasse deixar meu lar. Ao dizer isso em meu coração, uma vez mais senti a presença do Pai. O episódio todo tinha tomado somente alguns minutos, mas, à medida que as três mulheres sentadas à minha frente continuavam a falar, eu estava consciente de que a vida continuava em outro nível também. O Senhor estava nesse instante trabalhando comigo e ensinando-me. Ele estava no processo de mostrar-me como permanecer em sua presença.

— ... então irá, não é mesmo? — Era a voz de Tooni, e eu não tinha ideia do que ela estava pedindo. Felizmente, ela continuou. — Se o pai de Mamude vier buscá-lo, você pode deixá-lo comigo. Eu não me tornei cristã — acrescentou enfaticamente.

Afinal, as três moças se aquietaram. Perguntei-lhes se gostariam de passar a noite comigo. Concordaram. Enquanto dizia boa noite a minhas sobrinhas, pensei em como nossos papéis haviam mudado. Antes eu era tão protetora e me preocupava com elas; agora estávamos igualmente preocupadas umas com as outras. Nessa noite, orei:

— *Senhor, é tão difícil falar com uma pessoa que não tem fé em ti. Por favor, ajuda a minha família. Estou tão preocupada com o bem-estar das pessoas que amo.*

Ao adormecer, parecia ter novamente deixado o corpo e saído flutuando. Encontrei-me de pé numa ladeira gramada e cercada de pinheiros. Uma fonte sussurrava por perto. Ao meu redor, estavam anjos em tão grande quantidade que pareciam formar uma espécie de nevoeiro. Continuava a ouvir um nome: "Miguel"! Os anjos deram-me coragem. E então estava de volta à cama. Levantei-me e, ainda sentindo esse poder espiritual, fui ao quarto de Mamude. Apontei o dedo para ele na cama; depois fui ao quarto de minha filha e sobrinhas e fiz o mesmo. Voltei a meu quarto e caí de joelhos.

— *Senhor* — orei —, *tu tens-me dado muitas respostas, agora mostra-me, suplico-te, o que vais fazer com Mamude. Gostaria de dar alguma palavra de conforto a Tooni.*

Senti-me impelida a abrir a Bíblia, e a passagem seguinte parecia saltar da página: Gênesis 22.12 — "Não estendas a mão sobre o rapaz, e nada lhe faças [...]".

— *Oh, obrigada, Pai!* — suspirei.

No café da manhã, pude dar segurança a Tooni.

— Querida, nada vai acontecer a seu filho; não precisa preocupar-se. — Mostrei-lhe o versículo das Escrituras que me havia sido dado. Quer minha fé tivesse sido contagiosa, quer Tooni tivesse sido tocada pelo Espírito Santo, não sei. Mas seu rosto descontraiu-se, e ela sorriu pela primeira vez em dois dias.

Minha filha e sobrinhas saíram da casa com uma expressão um pouco menos sombria naquele dia. Mas o fluxo de outros parentes e amigos continuou.

Alguns dias depois, Raisham anunciou que *sete* pessoas, todos amigos queridos e preocupados, estavam esperando embaixo para ver-me. Não queria encará-las sem o Mamude. O menino devia saber de tudo o que se estava passando. Fui buscá-lo, e juntos descemos para a sala de visitas. Eles estavam sentados aprumados em formalidade, quase na ponta das cadeiras. Depois do chá com bolinhos e conversa sem importância, um dos presentes limpou a garganta. Fiz-me de aço para o que sabia estar para vir.

— Bilquis — disse um amigo que eu conhecia desde a infância —, nós a amamos e temos pensado no que você fez. Temos uma sugestão que pensamos será de alguma ajuda a você.

— Sim?

Ele inclinou-se para a frente e sorriu.

— Não declare publicamente seu cristianismo.

— Você quer dizer que devo conservar minha fé em segredo?

— Bem...

— Não posso — disse eu. — Não posso fazer jogos com Deus. Se devo morrer, morrerei.

Todos os sete pareciam ter-se chegado para mais perto de mim. Um antigo amigo de meu pai olhava-me fixamente. Eu estava a ponto de devolver seu olhar, mas contive-me a tempo. Eles pensavam ter o meu bem-estar em mente.

— Sinto muito — disse eu —, simplesmente não posso fazer o que pedem. — Expliquei que minha fé havia-se tornado a coisa mais importante da vida em pouco mais de um mês. — Não posso guardar segredo dela — disse eu. Citei-lhes a passagem bíblica onde o Senhor diz: "Portanto, todo aquele que me confessar diante dos homens, também eu o confessarei diante de meu Pai que está nos céus; mas aquele que me negar diante dos homens, também eu o negarei diante de meu Pai que está nos céus" (Mateus 20.32,33).

— Mas — disse outro cavalheiro idoso — você se encontra em uma situação muito peculiar. Tenho certeza de que Deus não se incomodaria se você se mantivesse em silêncio. Ele sabe que você crê nele. E isso é suficiente. — Ele citou a lei do *Alcorão* sobre a apostasia. — Temos medo — disse ele — de que alguém a assassine.

Sorri. Ninguém me acompanhou nesse gesto. Era uma discussão inútil, como eles também perceberam. Ao se levantarem para sair, deram-me o ultimato.

— Lembre-se, Bilquis, se tiver problemas, nenhum de seus amigos ou familiares poderá ficar do seu lado. Os que mais se importam com você terão de voltar-lhe as costas.

Assenti com a cabeça. Compreendia bem suas palavras. Agora desejei que tivesse mandado Mamude ir brincar no jardim para que não tivesse ouvido essa conversa. Ao olhar para ele, sentado em sua cadeirinha ao meu lado, ele simplesmente sorriu. — Está tudo bem — ele parecia dizer.

Ao prepararem-se para sair, o grupo estava quase chorando. Uma amiga íntima de mamãe beijou-me. — Adeus — disse ela. Repetiu a palavra com uma ênfase estranha, desfez-se em lágrimas, desprendeu-se de mim e saiu apressadamente.

A casa parecia um túmulo depois de eles terem ido embora. Até o brincar de Mamude, geralmente barulhento, estava mais calmo.

Passaram-se três semanas nas quais o único som em minha casa eram as vozes abafadas dos criados. Se não fosse pelos Mitchell, pelos Old e por nossas reuniões de domingo, pergunto-me a mim mesma se a "guerra fria" não teria dado resultado.

Cada dia, a linha de batalha da família podia ser vista mais claramente. Podia ser percebida na raiva do rosto de um primo a quem encontrei no bazar. Senti-a no olhar de desprezo de um sobrinho por quem passei na rua em Rawalpindi. Estava na voz gelada de uma tia que telefonou para dizer que não podia comparecer a um almoço. O boicote havia começado. Meu telefone permanecia silencioso, e ninguém puxava o cordão do sino do meu portão. Nem um membro da família veio visitar-me, nem mesmo para me repreender. Não podia evitar a lembrança de um versículo do *Alcorão* (sura 74.20):

> Se renunciaste à fé, certamente causaste mal à terra e violaste os laços de sangue. Assim são aqueles sobre quem Alá pôs a maldição, deixando-os destituídos da visão e da audição.

De uma maneira muito real, isso estava acontecendo. Eu tinha violado os laços de sangue e indubitavelmente não veria mais minha família nem dela mais ouviria.

A conversa e riso normal de minhas criadas havia-se amainado enquanto entravam e saíam de meus aposentos. O máximo que conseguia tirar delas era um "Sim, Begum Sahib".

Então, certa manhã, o boicote sofreu uma mudança estranha. Ouvi um leve barulho na porta; voltando-me, vi Nur-jan entrar silenciosamente a fim de fazer-me a toalete. Sua exuberância havia desaparecido. Raisham entrou ainda mais solene do que de costume. Ao começar suas tarefas, não falaram, e o olhar assombrado do rosto delas incomodava-me.

Esperei que dissessem alguma coisa, mas Nur-jan continuou suas tarefas em silêncio, sem a conversa costumeira. O rosto de Raisham parecia de granito. Finalmente, com um pouco do antigo fogo na voz, eu disse:

— Está bem, posso perceber que algo está errado. Digam-me o que é.

Pararam de escovar enquanto me davam as novas. A não ser Raisham, que estava à minha frente, todos os outros criados cristãos, inclusive o Manzur, haviam fugido de casa no meio da noite.

Capítulo 9

O Boicote

O que significava essa deserção? Quatro criados demitindo-se! Numa cidade como Wah, onde era difícil encontrar qualquer tipo de emprego, não era compreensível a decisão deles.

É claro, fora o medo. Manzur estava com medo porque eu pedira que ele conseguisse uma Bíblia para mim; e também me havia levado de carro à casa de missionários cristãos. Os outros três criados cristãos deviam ter sido contagiados pela preocupação dele. Ouviram os reboos do vulcão que logo entraria em erupção e não quiseram ser apanhados na avalancha.

Mas e Raisham, esta criada cristã que agora começara de novo a escovar-me o cabelo? Eu podia sentir-lhe as mãos graciosas tremerem enquanto começava a trabalhar.

— E você? — perguntei.

Mordeu os lábios e continuou a escovar-me os cabelos. — Talvez eu não devesse ficar — disse ela suavemente. — Vai ser...

— Muito solitário — concluí sua afirmativa.

— Sim — disse ela, engolindo em seco — e...

— Você está com medo. Bem, se você saísse, Raisham, eu não a culparia. Você tem de tomar sua própria decisão, assim como eu fiz. Mas, se ficar, lembre-se que Jesus *disse* que seríamos perseguidos por amor dele.

Raisham assentiu com a cabeça, os olhos negros úmidos. Tirou um alfinete de cabelo da boca e começou a fazer-me o penteado.

— Eu sei — disse ela tristemente.

Raisham ficou em silêncio durante o resto do dia. A preocupação dela afetava a Nur-jan, que estava perto da histeria. Ao acordar na manhã seguinte, faltava-me coragem para tocar a campainha. Quem ainda estaria comigo? A porta abriu-se lentamente, e Nur-jan entrou. Então, na quase escuridão das horas matinais de inverno, outra forma seguiu-se. Era Raisham!

Mais tarde, disse-lhe quanto significava para mim o fato de ela ter ficado. Ela corou.

— Begum Sahib Gi — respondeu ela suavemente, acrescentando a terceira saudação afetuosa que significa: Que a senhora tenha vida longa. — Assim como a senhora serve ao Senhor, da mesma forma eu a sirvo.

Com a deserção do restante dos meus criados cristãos, minha casa tornou-se ainda mais quieta, em parte porque não coloquei outros nos seus lugares. Minhas necessidades eram menores agora que não recebia visitas da família. Decidi não empregar cristãos por algum tempo. Encontrei um novo chofer, um muçulmano chamado Fazad, e um novo assistente de cozinheiro, muçulmano, mas não empreguei ninguém mais. Estava especialmente contente por Mamude, que continuava a brincar alegremente dentro de casa ou no jardim. Encorajei-o a convidar amigos da vila, e Mamude aceitou essa sugestão rapidamente. A maioria das crianças era um pouco mais velha; Mamude só tinha 5 anos. Mamude, entretanto, era o líder natural; não acho que era somente pelo fato de ele ser o anfitrião; setecentos anos de liderança estavam nos genes da criança e não podiam ser negados, como também não podiam ser negados seus olhos límpidos e castanhos.

Quanto dessa herança estava eu colocando em perigo? Quanto dos laços familiares a que o menino tinha direito estava eu ameaçando? No dia anterior, ele tinha perguntado de novo quando é que seu primo Karim iria levá-lo para pescar. Karim tinha prometido ensinar Mamude a pegar trutas que deslizavam por entre rochas musgosas do riacho que corria por nosso jardim e mais adiante juntava-se ao rio Tahmra.

— Mamãe! — Mamude havia perguntado. — Quando é que Karim vem?

Olhei para o menino cujos olhos brilhavam e simplesmente não tive coragem de dizer-lhe que sua pescaria estava cancelada. Mamude ainda não podia ter sido atraído de maneira significativa para o cristianismo. Lia histórias da Bíblia para ele. Ele gostava tanto dessas histórias que mudei seu horário de dormir de 8 para as 7h30 a fim de termos tempo suficiente para elas. Mas o que eram algumas histórias comparadas a uma viagem de pescaria? E amigos? Pouco a pouco, os amigos de Mamude começaram a faltar. Mamude não podia compreender isso, e, quando tentei explicar, ele olhou para mim intrigado.

— Mamãe — disse ele —, a quem a senhora mais ama, a mim ou a Jesus?

Que devia dizer? Especialmente agora quando ele se sentia tão solitário. — Deus tem de vir em primeiro lugar, Mamude — disse eu, parafraseando a advertência do Senhor de que, a menos que coloquemos a família depois dele, não somos verdadeiramente seus. — Devemos colocar Deus em primeiro lugar — disse eu —, até mesmo antes das pessoas que mais amamos no mundo.

Mamude *parecia* aceitar isso. *Parecia* estar ouvindo enquanto eu lia a Bíblia para ele. Certa vez, depois de ler para ele o versículo: "Vinde a mim todos vós que estais cansados e sobrecarregados, e eu vos aliviarei", ouvi sua súplica da hora das soneca: "Jesus, eu te amo e virei a ti, mas... por favor, não me dês descanso. Eu não gosto de descansar". Ele até colocava as mãos em postura de oração, mas eu sabia que era difícil para ele ficar sozinho e ver-me sozinha. Nenhum parente, amigo ou conhecido se desviava da Rodovia Tronco Grande em direção a minha casa; o telefone também não tocou mais.

Então às 3 horas, de certa manhã, meu telefone branco ao lado da cama tocou. Procurei o aparelho com o coração batendo fortemente. Ninguém telefonava a essa hora, a não ser que tivesse havido uma morte na família. Apanhei o fone e a princípio somente ouvi um respirar pesado. Então três palavras foram-me atiradas como pedradas:

— Infiel. Infiel. Infiel.

O fone emudeceu. Tornei a deitar-me. Quem seria? Um dos fanáticos arespeito dos quais meus tios advertiam-me constantemente? Que podiam fazer?

— *Ó Senhor, tu sabes que não tenho medo de morrer. Mas sou uma tremenda covarde. Não posso suportar a dor. Tu sabes que desmaio quando o médico me dá uma injeção. Oh, oro para que eu seja capaz de suportar a dor se ela vier.* — Meus olhos encheram-se de lágrimas. — *Acho que não fui feita para mártir, Senhor. Sinto muito. Simplesmente, deixa-me andar contigo por meio do que quer que venha em seguida.*

O que veio em seguida foi uma carta anônima e ameaçadora: "Sejamos claros. Há somente uma palavra que a descreva: traidora!". Então chegou outra carta e logo depois outra. Todas elas continham advertências. Eu era vira-casaca e seria tratada como tal.

Já pelo fim de uma tarde do verão de 1967, cerca de seis meses depois de minha conversão, estava de pé no jardim com o restos amassados de uma dessas cartas. Era particularmente vitriólica, chamava-me pior que infiel: sedutora dos fiéis. Os verdadeiros crentes, dizia a carta, tinham de queimar-me como se queima a gangrena de um membro sadio.

Queimar-me? Seria isso mais que uma figura de linguagem? Aprofundei-me no jardim por entre os canteiros de tulipas, jacintos e *alyssum*. A primavera havia desabrochado em verão.

Os marmeleiros floresciam, e as últimas pétalas brancas caíam das pereiras. Voltei-me e olhei para a casa. "Não teriam coragem de tocar em minha casa!", exclamei para mim mesma. Não queimariam uma Begum! Mas, como se para confirmar que eu não mais podia contar com a proteção da posição e da riqueza, recebi uma visita. Uma criada anunciou:

— O general Amar espera para vê-la, Begum.

Meu coração deu um salto. Olhei pelo portão do jardim, e lá estava um carro cor de oliva do comando militar. O general Amar era um amigo antigo e querido dos meus dias de Exército. Durante a Segunda Guerra Mundial, estive associada a ele, e agora ele era um dos generais de mais alta patente do Exército paquistanense. Tínhamo-nos conservado em contato através dos anos. Particularmente enquanto meu marido foi ministro do Interior e trabalhou intimamente relacionado com ele. Viria ele, também, condenar-me?

Logo podia ouvir-lhe os passos no gramado do jardim enquanto vinha ao meu encontro, elegante, num uniforme cáqui, e usando botas de couro. Tomou-me a mão, inclinou-se e beijou-a. Minha apreensão diminuiu. Evidentemente, ele não vinha em missão de combate.

Olhou para mim, os olhos negros brilhando humoristicamente. Como sempre, o general foi direto ao assunto:

— É verdade o que o povo está dizendo?

— Sim — disse eu.

— O que a levou a fazer isso? — perguntou ele. — Você se colocou numa situação muito perigosa! Ouvi rumores de que algumas pessoas desejam matá-la!

Olhei para ele em silêncio.

— Está bem — acrescentou ele sentando-se num banco do jardim com o cinto de couro fazendo barulho. — Sabe que sou como um irmão para você.

— Espero que sim.

— E, como irmão, você sabe que sinto por você uma afeição protetora.

— Espero que sim.

— Então, lembre-se de que minha casa estará sempre aberta para você.

Sorri. Essa era a primeira coisa amável que ouvia depois de muito tempo.

— *Mas* — continuou o general —, há algo que você precisa saber. Esta oferta é pessoal. — Levou a mão a uma flor, puxou-a para si arrebentando-a, então voltou-se para mim e acrescentou: — Oficialmente, não haveria muito que eu pudesse fazer, Bilquis.

— Eu sei. — Tomei a mão do general; levantamo-nos juntos, passeamos pelo terraço em direção a casa. Enquanto andávamos, contei-lhe que as coisas não tinham sido fáceis.

— E não ficarão mais fáceis, minha querida — disse meu amigo com seu modo prático. Mais tarde, depois de eu ter mandado vir chá para a sala de visitas, ele perguntou, com um sorriso enigmático:

— Diga-me, Bilquis, por que você fez isso? Expliquei o que tinha acontecido e descobri que o general Amar estava ouvindo cuidadosamente. Que extraordinário! Aqui estava eu, sem o perceber, fazendo o que os missionários chamavam de "testemunhar". Estava falando de Cristo a um muçulmano, e um muçulmano que era um alto funcionário. E ele estava ouvindo! Duvido ter realmente alcançado o general Amar naquela tarde, mas ao dizer-me adeus, meia hora depois, à luz do ocaso de verão, novamente pressionando os lábios contra minha mão, ele parecia meditativo.

— Lembre-se, Bilquis — disse ele, vigorosamente —, qualquer hora em que precisar de minha ajuda... tudo que puder fazer por você como amigo...

— Obrigada, Amar — disse eu.

Voltou-se, os saltos das botas fazendo barulho no ladrilho do corredor, e desapareceu na escuridão da noite que chegava, em direção a seu carro de comando. E nossa visita solitária, estranhamente triste, havia terminado. *Será que o verei de novo?*, pensei.

Pela primeira vez, durante o boicote, em meio a cartas, telefonemas anônimos e advertências de velhos amigos, estava aprendendo a viver de hora em hora. Era o oposto de preocupar-me. Era esperar para ver o *que ele ia permitir.* Eu tinha certeza de que nada acontecia sem sua permissão. Eu sabia, por exemplo, que a pressão contra mim deveria tornar-se mais intensa. Se isso acontecesse, seria com a permissão dele. Logo, deveria aprender a buscar sua presença em meio ao desastre aparente. Simplesmente teria de viver de hora em hora, em comunhão com ele. Sim, era esse o segredo. Aprender a conservar sua companhia, de modo que acontecesse o que acontecesse, quando acontecesse, eu ainda estaria em sua glória.

Com o aumento da pressão familiar, pensei saber o que o rei Davi sentiu quando, ao fugir de seu filho Absalão, apanhou a lira e cantou: "Porém tu, Senhor, és o meu escudo, és a minha glória [...]" (Salmos 3.3). Essa glória, compreendo eu, eram a bênção, a alegria e a felicidade indizíveis dos santos no céu.

No momento, a pressão familiar ainda era o boicote. Nenhum membro da família vinha visitar-me, nem mesmo para repreender-me. Com raras exceções, meus velhos amigos também não me visitaram. Os escárnios no mercado continuavam. Também continuava a exclusão premeditada dos grandes momentos da vida da família: nascimentos, mortes e casamentos. Sempre que me permitia permanecer na solidão que isso me causava, sentia que a glória de Deus começava a se enfraquecer, e imediatamente voltava meus pensamentos, por um ato deliberado da vontade, às horas em que Jesus também se sentiu solitário.

Isso ajudava. Mas descobri, um pouco para surpresa minha, que precisava desesperadamente de companhia. Eu, que sempre havia sido tão indiferente, agora precisava de intimidade. Nem os Old nem os Mitchell vinham à minha casa. Para sua própria proteção, aconselhei-os a não me visitarem.

Certa tarde cinzenta, retirei-me para meus aposentos a fim de ler a Bíblia. Estava inusitadamente frio para o princípio do verão. Um vento gelado batia contra minhas janelas. Ao começar a ler, senti certo calor em minha mão, abaixei as vistas e vi uma mancha de sol no meu braço. Olhei pela janela justamente a tempo de ver o Sol desaparecer por trás das nuvens. Só por um minuto, pareceu que ele havia descido e tocado minha mão dando-me conforto.

Levantei os olhos: — *Ó meu Senhor* — disse eu. — *Estou tão só; até minhas bochechas parecem secas pela falta de conversa. Por favor, envia alguém com quem eu possa conversar hoje.*

Sentindo-me um pouco ridícula por ter pedido uma coisa tão infantil, voltei-me para a Bíblia. Afinal de contas, eu tinha a companhia dele, e isso devia ser o suficiente. Mas em pouco tempo fiquei espantada ao ouvir um som estranho na casa, estranho por ter estado ausente por tanto tempo. Vozes subiam do andar de baixo.

Coloquei a roupa de dormir e saí correndo para o corredor, onde encontrei Nur-jan, que vinha correndo em direção ao meu quarto, quase sem fôlego.

— Oh, Begum Sahib — gritou ela — os Old estão aqui!

— Louvado seja Deus! — exclamei e corri ao seu encontro. É claro que via Ken e Marie nos cultos de domingo na casa deles, mas isso era diferente, uma visita no meio da semana. Marie apressou-se em minha direção, tomando-me pela mão.

— Simplesmente tínhamos de vê-la, Bilquis — disse ela, os olhos azuis brilhando. — Não temos nenhum motivo especial, simplesmente gostamos de estar com você.

E que visita foi aquela! Compreendi, enquanto conversávamos, que eu havia cometido um erro ao não convidar as pessoas para visitar-me. O orgulho havia impedido que eu admitisse a necessidade de companhia. Subitamente, tive uma inspiração. Por que não convidar as pessoas a minha casa para as reuniões de domingo? Não seria isso jogar pólvora no fogo? Tentei desfazer-me do pensamento, mas ele teimava em permanecer. No momento em que meus amigos se preparavam para sair, eu disse rapidamente:

— Vocês não gostariam de vir aqui nesse domingo à noite?

Os Old olharam para mim um tanto espantados.

— Estou falando sério — disse eu, estendendo as mãos. — Esta velha casa precisa de vida.

E assim ficou decidido.

Nessa noite, ao preparar-me para a cama, pensei em quão maravilhosamente o Senhor provê tudo para nós. Quando a família e os amigos me foram tirados, ele os substituiu por sua própria família e amigos. Dormi em paz e acordei com o calor do sol entrando pela janela. Levantei-me e abri a janela, regozijando-me à brisa suave do verão. No aroma de terra do jardim, eu podia perceber o cheiro do hálito do verão que havia chegado.

Mal podia esperar que chegasse a noite de domingo. A tarde de sábado veio encontrar a casa cheia de flores; o assoalho e as janelas brilhavam de tão limpos. Disse a Raisham que podia unir-se a nós, se quisesse, mas, ao ver seu embaraço, percebi que ela não estava preparada para um passo audaz como esse e não insisti mais.

O domingo arrastava-se enquanto eu conservava Mamude fora da sala de visitas, arrumava o tapete persa, constantemente rearranjando as flores, limpando um resto de poeira aqui e ali. Finalmente, ouvi o barulho do portão abrindo-se e de carros chegando.

A noite foi tudo o que eu esperava, com cânticos, oração e testemunhos do que o Senhor estava fazendo. Éramos somente 12, além de Mamude, sentados confortavelmente na sala de visitas, mas eu poderia jurar que havia mil outros convidados também, invisíveis, mas bem-vindos.

A noite teve outro propósito peculiar, também, um propósito que eu não tinha previsto. Aconteceu que meus amigos cristãos ainda estavam muito preocupados comigo.

— Você está-se protegendo bem? — perguntava Marie.

— Bem — ri —, não há muito que eu possa fazer. Se alguém quiser fazer-me mal, certamente encontrará uma maneira.

Ken olhou em torno da sala de visitas e para fora das grandes portas de vidro para o jardim. — Você realmente *não* tem muita proteção aqui — disse ele. — Eu não tinha percebido quão vulnerável você é.

— E seu quarto? — perguntou Synnove. Todo mundo achou que devíamos dar uma olhada no meu quarto, de modo que todos nós fomos para lá. Ken ficou particularmente preocupado com as janelas que davam para o jardim; eram protegidas somente pelo vidro e uma tela de filigrana.

Ele sacudiu a cabeça. — Realmente não é seguro, você percebe. Você deve fazer algo a respeito, Bilquis; deve mandar instalar uma grade espessa de ferro. Qualquer pessoa podia quebrar isto e entrar.

Disse que iria providenciar tudo no dia seguinte.

Seria minha imaginação ou a glória dele diminuía enquanto eu fazia a promessa?

Finalmente, dissemos adeus, e retirei-me mais feliz do que estivera durante muito tempo. No dia seguinte, entretanto, ao preparar-me para mandar chamar o ferreiro da vila, uma vez mais senti que a presença do Senhor diminuía rapidamente. Por quê? Seria por que eu estava prestes a agir levada pelo medo? Era certo que toda vez que me dispunha a mandar chamar o ferreiro minha ação era impedida.

Então compreendi por quê. Ao espalhar-se a notícia de que eu estava mandando colocar grades nas janelas, todo mundo perceberia meu medo. Eu até podia ouvir o comentário: "Que tipo de religião é o cristianismo, afinal de contas? Quando a pessoa se torna cristã, então fica com medo?". Não. Decidi não instalar grade nenhuma nas janelas.

Nessa noite, fui para a cama confiante de haver tomado a decisão correta. Adormeci imediatamente. De repente, fui acordada por um ruído. Sentei-me na cama, espantada, mas sem temor. Perante mim, descortinava-se uma vista maravilhosa.

Através das paredes do meu quarto, de um modo sobrenatural, podia ver o meu jardim. Estava inundado por uma luz branca e celestial. Eu podia ver cada pétala de rosa, cada folha de árvore, cada lâmina de grama, cada espinho. E por sobre o jardim pairava uma serenidade calma. Em meu coração, ouvi o Pai dizendo:
— *Você fez a coisa certa, Bilquis. Estou contigo.*

A luz diminuiu lentamente, e o quarto ficou de novo na escuridão. Liguei a lâmpada de cabeceira, ergui os braços e louvei a Deus: — *Ó Pai, como posso agradecer-te o suficiente? Tu te preocupas tanto com cada um de nós!*

Na manhã seguinte, reuni todos os criados e disse-lhes que podiam ir dormir em suas próprias casas daquele dia em diante, se o desejassem. Mamude e eu dormiríamos na casa grande. Os criados trocaram olhares, alguns de surpresa, outros de alegria, um ou dois de alarme. Mas eu sabia que uma coisa pelo menos havia sido realizada. A decisão punha fim a qualquer ideia de autoproteção. E com essa decisão voltou a glória e permaneceu por mais tempo do que de costume. Talvez isso fosse necessário para a próxima série de acontecimentos.

Certa manhã, Raisham escovava meu cabelo e comentou casualmente:
— Ouvi dizer que o seu sobrinho, Karim, morreu.
Dei um pulo da cadeira e olhei para ela incredulamente.
— Não — sussurrei. Não Karim, que prometera levar Mamude para uma pescaria! Ele era um dos meus sobrinhos prediletos! O que tinha acontecido? Por que tinha eu de descobrir até

111

a morte de Karim por meio dos criados?! Com força de vontade de aço, ganhei controle de mim mesma e forcei o corpo de volta à cadeira para que Raisham pudesse continuar o seu trabalho. Mas minha mente corria em disparada. *Isso pode simplesmente ser um rumor,* pensei. *Raisham pode ter-se enganado de nome.* Meu coração animou-se um pouco. Mais tarde, pedi que uma criada mais idosa descobrisse o que realmente havia acontecido. Ela foi à vila e, depois de uma hora, voltou com o semblante descaído.

— Sinto muito, Begum Sahib — disse ela. — Mas é verdade. Ele faleceu ontem à noite de um ataque do coração, e o enterro vai ser hoje.

Então essa criada, que tinha o dom de descobrir tudo, deu-me notícias que me magoaram ainda mais. Minha tia, disse minha criada, sabia quanto eu amava seu filho, e tinha pedido especificamente que minha família não deixasse de me avisar que seu filho morrera. Ninguém cumprira o desejo dela.

Mais tarde, sentei à janela meditando em tudo isso. Eu tinha sido excluída dos acontecimentos familiares por seis meses, mas jamais o boicote tinha magoado como dessa vez.

Enquanto me balançava suavemente na cadeira, comecei a orar pedindo a ajuda do Senhor, e, como sempre, ela chegou. Dessa vez, foi como se uma capa confortadora tivesse sido colocada sobre meus ombros. E, com tal sensação, veio-me à mente um plano de ação incomum. A própria ideia chocava-me. Era tão audaz que eu sabia que procedia do Senhor.

Capítulo 10

Aprendendo a Viver na Glória

Sentada à janela que dava para o jardim, onde Karim e eu havíamos brincado quando crianças, sentia no rosto o vento que soprava da Índia, dobrando os topos das árvores. Parecia-me perceber nele uma mensagem extraordinária! Meus ouvidos recusavam-se a acreditar no que ouviam.

— O Senhor não pode estar-me realmente dizendo isso — disse sorrindo. — Estou simplesmente escutando vozes! O Senhor não quer que eu vá ao *funeral de Karim*. Não ficaria bem. Eu acabaria ofendendo pessoas enlutadas.

Ainda no meio da objeção, reconheci uma vez mais que o sentimento de sua presença começava a diminuir. Imediatamente, com esse sinal, comecei a perguntar a mim mesma se o Senhor realmente estava-me dizendo que fizesse essa coisa extraordinária, ir direto ao rosto das hostilidades do boicote.

Finalmente, suspirando profundo, levantei do meu lugar à janela, dei de ombros e disse em voz alta: — *Estou começando a aprender, Senhor. Meu sentimento da coisa certa a fazer nada é comparado com o teu! Irei, uma vez que o Senhor me diz que vá.*

E, é claro, o sentimento de sua presença retornou.

Que série extraordinária de experiências estava tendo com a ida e a vinda de sua glória! Ainda assim, sentia que estava somente principiando a compreender o significado de tudo isso. Como poderia eu aprender a permanecer em sua presença por um tempo sempre crescente? Eu não tinha maneira de saber que nos próximos dois meses encontraria uma série de experiências que me fariam dar um passo mais nesse processo de aprendizagem.

Hesitei, em pé, na rua de paralelepípedos da casa de Karim. A despeito de minha promessa em obedecer, sentia-me como uma pomba solitária entre mil gaviões. Inspirando o ar profundamente, dirigi-me à casa de pedra, em meio a tantas iguais a ela. Fui ao jardim, subi à varanda, sentindo os olhares dos aldeões sentados ao redor em silêncio. Entrei na casa antiga com tetos gravados e paredes de gesso brancas, onde Karim e eu tantas vezes tínhamos rido e brincado juntos.

Agora não havia risos. Além da tristeza da família enlutada, a frieza de uma dezena de olhares desafiadores provocava-me arrepios. Olhei para uma prima com quem eu tinha sido muito íntima. Nossos olhos se encontraram por um instante; minha prima rapidamente voltou a cabeça e começou a falar com uma vizinha.

Aprumando os ombros, entrei na sala de estar da casa de Karim, sentei-me num dos grossos colchões de algodão que tinham sido colocados no assoalho, rodeados de almofadas para as pessoas se reclinarem. Ajeitei o sari em torno de minhas pernas. Subitamente, as pessoas começaram a perceber quem eu era. A conversa quieta que tinha enchido a sala, de repente parou. Até as mulheres que contavam as contas do rosário muçulmano, cada conta uma oração a Alá, cessaram sua atividade e levantaram os olhos. A sala, que estivera quente com o calor do início de verão, e por causa dos muitos corpos juntos, quase que ombro a ombro, de repente parecia gelada.

Eu não disse nada, não fiz nenhuma tentativa em ser social, simplesmente abaixei os olhos e fiz minhas preces: — *Senhor Jesus* — sussurrei em meu coração —, *esteja comigo enquanto te represento a este grupo de amigos e parentes queridos que estão tão tristes pela morte de Karim.*

Depois de uns quinze minutos, o fluxo da conversa começou de novo. Era hora de prestar homenagem à esposa de Karim. Com a cabeça erguida, levantei-me do colchão e entrei na sala adjacente onde jazia o corpo de Karim, num caixão alto, fundo e preparado de acordo com a crença muçulmana de que o morto deve poder sentar-se quando os anjos vierem questioná-lo antes de entrar no céu. Dei os pêsames à esposa de Karim; olhei para a face tranquila do meu querido primo enrolado na mortalha nova e branca de algodão e murmurei para mim mesma uma oração a Jesus pelo espírito desse homem. Oh, como desejava ter tido a oportunidade de conversar com ele antes de sua morte!

Um murmúrio baixo enchia a sala enquanto os membros da família mais chegados oravam por Karim. As senhoras levantavam-se e liam versículos do *Alcorão*. Tudo era parte do ritmo de vida e morte que eu conhecia tão bem. Eu estava voltando as costas a tudo isso. Antes do pôr do sol desse dia, fariam uma procissão até o cemitério, e toda a família seguiria o esquife. Os carregadores deporiam o caixão ao lado da sepultura, e o sacerdote clamaria: "Deus é grandioso. Senhor, este é teu servo, filho de teu servo. Ele testificou não existir outro Deus senão a ti, e que Maomé é teu servo e teu mensageiro...".

Enquanto escutava o gemido suave na sala, via a mãe de Karim ajoelhada junto ao esquife. Ela parecia tão perdida que de repente senti um impulso avassalador de colocar-me a seu lado. Teria eu coragem para isso? Não seria uma afronta? Devia eu dizer-lhe algo a respeito de Jesus? Provavelmente, não. A minha presença de cristã traria Jesus para o lado dela de um modo amoroso.

Assim, fui até a mãe de Karim e coloquei os braços ao seu redor, dizendo-lhe em voz suave e acariciante o grande pesar que eu sentia: "Karim e eu éramos tão íntimos. Que Deus a abençoe e a conforte." A mãe de Karim voltou o rosto para mim. Seus olhos negros e cheios de lágrimas agradeceram-me, e eu sabia que Jesus nesse mesmo instante confortava-lhe o coração cheio de dor.

Contudo, a mãe de Karim era a única pessoa na sala que parecia aceitar o que eu estava fazendo. Ao deixá-la e voltar a unir-me aos pranteadores, um primo — que também havia sido íntimo — levantou-se ruidosamente e saiu da sala. Outro primo seguiu-o. E depois mais outro.

Fiquei sentada lutando, de um lado, com as emoções de minha própria dor por Karim e por sua família e, de outro, com esse profundo embaraço. Meu coração batia descompassadamente. A hostilidade estava-me atingindo. Tive de lutar a fim de ficar sentada o tempo apropriado, dizer adeus e sair da sala. Ao sair, senti que todo mundo olhava fixamente para mim.

No carro, fiquei sentada por alguns instantes atrás do volante, tentando controlar-me. Eu tinha obedecido, mas o preço fora alto. Certamente que eu teria preferido ficar em casa em vez de entrar na boca dessa ira declarada.

Estava enganada ao pensar que tinha de andar por esse vale somente uma vez. Algumas semanas mais tarde, quando o calor do verão começava a chegar a nosso distrito, outro primo faleceu. De novo, fiquei sabendo de sua morte por meio de meus criados. Novamente, em obediência a Deus, encontrei-me entrando, relutantemente, em uma sala cheia de pranteadores, na presença enregelada da discórdia e do ódio. Por um ato de força de vontade, desviei a atenção de mim mesma, focalizando-a na pessoa realmente destituída, a viúva de meu primo. Ela era mãe de um menino que iria fazer 5 anos, a mesma idade de Mamude; parecia tão perdida e sozinha ao lado do esquife que chorei por ela e por seu marido.

Então, justamente como tinha acontecido no funeral de Karim, fui impulsionada para essa mulher em desespero. Ao aproximar-me, nossos olhos se encontraram, percebi a hesitação passar-lhe pelo rosto manchado de lágrimas. Então, com um ar de repentina determinação, sabendo estar indo contra a vontade da família, estendeu-me a mão. Ao segurar-lhe a mão idosa e que tremia nas minhas, chorei em silêncio. Trocamos somente uma ou duas palavras, mas meu coração orava ferventemente para que o Espírito Santo a tocasse em sua dor e cumprisse sua promessa a essa querida muçulmana: "Bem-aventurados são os que choram".

— Obrigada, Bilquis, obrigada — disse a viúva num sussurro ao soltar-me a mão. Abracei-a e saí da sala.

Houve uma estranha e rápida sucessão de mais dois funerais. Isso era muito incomum até mesmo para uma família grande como a nossa. E, em cada caso, foi-me dito, muito clara e distintamente pelo Senhor, que eu saísse de minha casa segura e fosse ao lugar onde precisavam de mim. Eu não devia falar muito. Devia deixar que minha presença amorosa fosse sua única testemunha.

Nessa época, o Senhor trabalhava comigo. Ele tinha tanto a me ensinar e usava esses funerais como sala de aula.

Foi durante uma dessas visitas a um funeral que descobri o próximo grande segredo de permanecer em sua presença.

Num funeral muçulmano, ninguém cozinha ou come até que o corpo seja sepultado. Isso geralmente resulta em um dia de jejum e, na verdade, tal coisa não é sacrifício. Entretanto, naquele dia, enquanto sentava isolada na sala apinhada de gente, descobri de repente que desejava ter meu costumeiro chá da tarde. Era algo, disse a mim mesma, que eu simplesmente não podia dispensar.

Finalmente, incapaz de controlar meu desejo, levantei-me e murmurei uma desculpa qualquer. Eu tinha de lavar as mãos, disse. Saí da casa e desci a rua até um pequeno café. Ali tomei o meu precioso chá e voltei para junto dos pranteadores.

Imediatamente, senti uma solidão estranha, como se um amigo tivesse saído de junto de mim. É claro que eu sabia o que era. A presença confortadora do Espírito havia-me deixado.

— Senhor — disse para mim mesma —, *que fiz?* — E então eu sabia. Tinha mentido enquanto dava a desculpa.

— *Mas foi somente uma mentira inocente, Senhor* — disse eu. Não percebi nenhum conforto do Espírito. Só silêncio.

— *Mas, Senhor* — continuei —, *não tenho de seguir mais essas práticas do luto muçulmano. Além disso, simplesmente não posso passar sem meu chá. O Senhor sabe disso.*

Nenhum sentimento do Espírito.

— *Mas, Pai* — continuei —, *não podia dizer-lhes que ia sair a fim de procurar chá e bolos. Isso os teria magoado.*

Nenhuma manifestação do Espírito.

— *Está bem, Pai* — disse eu. —, *Compreendo. Errei em mentir. Percebo que procurava a aprovação dos homens e que devo viver somente para a tua aprovação. Sinto muito, de verdade, Senhor. Magoei-te. Com tua ajuda, não mais farei isso.*

Após essas palavras, a presença confortadora de Deus inundou-me de novo, como a chuva que cai num leito de rio ressecado. Descontraí-me. Sabia que ele estava comigo.

Foi assim que aprendi a voltar para sua presença rapidamente. Sempre que não sentia sua proximidade, sabia que o havia entristecido. Voltava ao passado, até o momento *em que tinha sentido sua presença pela última vez*. Então fazia uma revisão de cada ato, cada palavra ou pensamento, até descobrir onde me havia desviado. Então confessava meu pecado e pedia seu perdão.

Aprendi a fazer isso com audácia crescente. Mediante esses exercícios na obediência, aprendi o segredo maravilhoso do arrependimento. Arrependimento, descobri, não era remorso lacrimoso, mas sim admitir onde eu havia errado e fazer um voto de que, com a ajuda dele, nunca mais cometeria tal erro. Ao perceber minha própria fraqueza, pude invocar sua força.

Foi durante essa época que descobri não haver mentira inocente. Uma mentira é uma mentira e sempre procede de Satanás, o pai da mentira. Ele usa mentiras "inofensivas" e inocentes a fim de iniciar-nos nesse hábito traiçoeiro. As mentiras preparam o caminho para as futuras e maiores tentações. Satanás murmura que uma mentira inocente pode ser "consideração" por outras pessoas. Dobramo-nos ao mundo em vez de dobrarmo-nos a Jesus, a Verdade.

Embora tenha aprendido essa lição num funeral de um parente, foi o princípio de um novo tipo de vida para mim, no qual tentei desarraigar toda a mentira. Desse dia em diante, tentaria policiar-me toda vez que estivesse prestes a dizer uma mentira inocente. Certa vez, uma missionária amiga convidou-me para uma reunião à qual não queria assistir. Tinha decidido dar a desculpa de ter outro compromisso. Um sinal de advertência soou dentro de mim e estaquei justamente em tempo. Em vez disso, descobri que podia dizer a verdade e ao mesmo tempo não magoar o sentimento de ninguém, simplesmente dizendo: "Sinto muito, mas não poderei estar lá".

Certo dia, sentei-me para escrever uma carta a um amigo em Londres e automaticamente comecei a escrever que estivera fora da cidade por algum tempo e por isso não tinha podido responder à sua última carta. Parei, com a caneta no ar.

Fora da cidade? Eu estivera aqui o tempo todo. Amarrotei o papel, joguei-o na cesta de lixo e comecei de novo: "Querido amigo: Por favor, perdoe-me por não ter respondido à sua maravilhosa carta antes...".

Coisinhas, é verdade. Mas eu estava aprendendo que ter cuidado com as pequenas coisas tornava muito mais fácil lidar com as tentações maiores à medida que chegavam. Além disso, a vida ficava muito mais fácil por não ter de passar muito tempo tentando encontrar uma desculpa.

Lenta e seguramente, comecei a compreender que estava tentando viver tendo Cristo como meu companheiro constante! É claro, simplesmente não era possível fazer isso. Tantas vezes dava conta de mim mesma voltando a meus antigos hábitos! Mas continuava tentando.

No processo, descobri o lado prático da promessa: "Buscai, pois, em primeiro lugar, o seu reino e a sua justiça, e todas estas coisas vos serão acrescentadas" (Mateus 6.33). À medida que tentava pôr Deus em primeiro lugar, algumas de minhas necessidades sinceras foram-me devolvidas.

Certa tarde, Raisham entrou no meu quarto com uma expressão de espanto no rosto.

— Há uma senhora na sala de visitas esperando para vê-la — disse ela.

— Quem é? — perguntei.

— Bem, Begum Sahib, se não estou enganada, é a mãe de Karim.

Certamente que ela devia estar enganada! A mãe de Karim não viria a minha casa! Desci as escadas indagando-me quem poderia ser. Mas, ao entrar na sala de visitas, avistei a mãe do meu falecido primo. Ouvindo meus passos, levantou ela os olhos, veio ao meu encontro e abraçou-me.

— Bilquis — disse a mãe de Karim com lágrimas nos olhos —, eu tinha de vir pessoalmente dizer-lhe algo. A princípio, no funeral, não a vi entre as pessoas. Mas preciso dizer-lhe quanto conforto você me deu. É... não sei... algo novo. Alguma coisa calorosa, especial.

Finalmente, percebi por que não me fora permitido falar de Jesus diretamente à mãe de Karim durante sua perda esmagadora. Teria sido levar vantagem dela. Agora, entretanto, a situação era totalmente diferente. Gentil e suavemente, em minha sala de visitas, disse a ela quanto Jesus significava para mim e como ele, lenta e inexoravelmente, estava mudando tantas das minhas maneiras antigas e imperiosas, substituindo-as por sua personalidade afetuosa e humana.

— É verdade — disse a mãe de Karim. — Você realmente se preocupou. Você realmente desejava partilhar de minha tristeza.

Foi uma visita curta, mas maravilhosa. Essa visita encorajou-me em duas direções: primeiro, que outro ser humano tinha, na verdade, notado mudanças em mim; segundo, eu esperava que esse fosse o começo de uma trégua no boicote da família.

Todavia, tal trégua não veio logo. Telefonemas, só recebia de meus amigos missionários. De modo que certa manhã logo antes do sexto aniversário de Mamude, quando o telefone tocou, esperava ouvir a voz de Marie. Em vez disso, ouvi a voz amistosa da mãe do segundo primo falecido.

— Bilquis?

— Sim.

— Bilquis, simplesmente queria dizer quanto significou para mim a ajuda que você prestou à esposa de meu filho. Disse-me que você realmente falou ao coração dela.

Que interessante! Eu havia dito muito pouco. Foi Cristo quem deu o consolo.

Trocamos algumas palavras agradáveis e desligamos.

De novo, não podia evitar o espanto que se apoderava de mim ao ver como Jesus havia feito o trabalho por meu intermédio quando pouco ou nada havia dito a respeito dele. Fora minha presença, representando seu Espírito nessa hora de necessidade, que tinha trazido a ajuda.

Com o correr das semanas, alguns parentes vieram fazer-me visitas curtas. No dia do aniversário de Mamude, passaram para dar-lhe doces e brinquedos. O motivo aparente de sua visita era ver o menino. Na realidade, eu sabia, o aniversário era simplesmente uma boa desculpa. Eles tinham realmente vindo para suavizar um pouco a mágoa do boicote. As visitas eram sempre curtas e forçadas. Mas eram fendas claras e bem-vindas na muralha erguida ao meu redor.

Passara-se quase um ano desde o dia em que tomei a decisão de aceitar o chamado de Cristo. Como o tempo voa! Logo seria novamente meu aniversário. Um ano desde que me havia entregue ao Senhor. E agora olhava com expectativa para minha primeira e real celebração do Natal. É claro que, na Europa, tinha visto festas natalinas. Mas não tinha tido a experiência do Natal, quando é celebrado de coração. Tomei um presépio emprestado dos Mitchell. Quando vieram trazer a pequena manjedoura, trouxeram também um pequeno pinheiro, e todos cantamos: "Ó pinheirinho de Natal...", enquanto Mamude gritava de alegria. Os criados colocaram a árvore num canto da sala de visitas, e todos nós ajudamos a decorá-la com fitas de papel.

Entretanto, algo estava errado.

Por mais que essas festividades me agradassem, não via nelas muito significado. Comecei a perguntar a mim mesma se havia um modo de celebrar o Natal de forma que expressasse a mudança ocorrida em minha vida.

Então veio-me à mente uma ideia. Por que não dar uma festa para todos — missionários, aldeões, até mesmo para os varredores de rua? Imediatamente ouvi a voz de minha família advertindo-me de não fazer uma exposição de minha fé; e também ouvi a voz do general advertindo-me de que, se eu tivesse problemas, não mais podia dar-me proteção oficial. Eu sabia que a ideia de tal festa de Natal seria uma ameaça para muitos. Entretanto, depois de muita oração, pareceu-me que a presença era mais forte quando eu começava a fazer os planos para essa inusitada reunião.

De modo que segui adiante com o plano e, no Dia de Natal, dei uma festa que causou rumor em Wah. Os aldeões chegaram cedo e congregaram-se ao redor da árvore na sala de visitas. Então chegaram os missionários. Synnove dirigiu os cânticos. E, para espanto meu, uma criada anunciou que uma tia e alguns primos de Rawalpindi tinham chegado para uma visita não planejada.

Meu coração deu um salto. Qual seria a reação deles?! Não precisava ter-me preocupado — reagiram à maneira típica da classe alta, penso eu. Primeiro descaiu-se-lhes a boca, então, quietamente, retiraram-se para outro cômodo, onde ficaram a sós em silêncio carregado.

Eu não queria deixar de dar atenção a nenhum dos grupos, de modo que passei o tempo andando de uma sala para outra. Era como se corresse de um lado para o outro, de um chuveiro quente para um chuveiro frio.

Finalmente, talvez por causa de minha persistência, alguns familiares começaram a descontrair-se. Alguns até foram para a sala de visitas e juntaram-se às festividades ao redor da árvore. Já pelo fim da festa, estavam de conversa com os Old, com os Mitchell e até mesmo com os varredores de rua.

A festa anunciava, esperava eu, o começo de um ano diferente. Não um ano mais fácil, simplesmente um ano diferente. À minha frente, estavam muitas encruzilhadas que, tomasse eu a esquina errada, me levariam a grandes dificuldades. Pois, com os parentes e amigos que agora retornavam, veio também uma espécie diversa de visitantes. Eram pessoas decididas a levar-me de volta à fé muçulmana. Eu tinha a impressão de existir espectadores ansiosos para ver como eu reagiria a essas vozes que me chamavam de volta ao lar. Guardaria eu silêncio discreto, ou realmente diria o que pensava?

A resposta veio-me de novo, em termos da presença de Deus. Sempre que tentava ser ambígua, sentia-me desconfortável e só; mas, toda vez que respondia às questões capciosas diretamente e em amor, sentia que o próprio Senhor estava comigo.

Certa tarde, por exemplo, ouvi baterem suavemente à minha porta. Fiquei surpresa; eram 2 horas da tarde.

— Sim? — A porta abriu-se. Era Raisham.

— Begum Sahib, a senhora tem visitas.

Havia certa hesitação em sua voz suave. Tinha dito a Raisham que preferia não ser incomodada entre meio-dia e 3 da tarde. Mas não fora uma ordem. Um ano atrás, eu teria ordenado a Raisham duramente que não me incomodasse por coisa alguma entre o meio-dia e as 3 da tarde. Agora expliquei-lhe que já não considerava o tempo coisa minha; pertencia ao Senhor. Se acontecesse alguma coisa que, ao seu pensar, precisava de minha atenção, então, é claro, devia vir a meu quarto, não importando que hora fosse.

— Begum Sahib, o homem é inglês. — Havia uma ponta de humor em seus olhos castanhos. — Ele diz que deseja falar a respeito de Deus.

— Está bem — disse eu, um tanto intrigada. — Descerei num instante.

Esperando por mim, na sala de visitas, estava um inglês pálido, cabelos cor de areia. Meu interesse aumentou ao notar que ele usava roupas típicas paquistanenses: camisa branca e calças largas. Seu rosto pálido e suas roupas brancas quase se confundiam com as paredes brancas da sala. Depois de se desculpar por aparecer sem ter avisado, foi direto ao assunto. Disse ter viajado desde Karachi a fim de vir visitar-me; e, por ter-se convertido do cristianismo para o islamismo, seus familiares pensavam termos interesses comuns. "Ah", disse a mim mesma, "agora compreendo. Sabendo quanto gosto dos ingleses, pensam que eu vou ficar impressionada com um inglês que trocara o cristianismo pelo islamismo".

Meu visitante hesitou por uns instantes e então lançou-se ao propósito a que vinha.

— Begum — disse o homem —, uma coisa realmente me perturba acerca dos muçulmanos que se convertem ao cristianismo. É a Bíblia. Todos nós sabemos que o Novo Testamento não é o mesmo dado por Deus.

Ele apresentava a principal acusação do islamismo contra a Bíblia, isto é, que ela tinha sido tão alterada que a versão atual não merecia confiança alguma. O original, diziam os muçulmanos, estava de acordo com o *Alcorão*.

— Espero que você não pense que eu esteja tentando ser engraçada — disse eu. — Na verdade, desejo saber uma coisa. Tenho ouvido com tanta frequência que a Bíblia foi modificada, mas jamais me disseram quem a mudou, quando foram feitas essas mudanças e que passagens foram corrompidas.

Meu visitante reclinou-se e olhou para as traves entalhadas do teto, os dedos martelando os braços do sofá. Não respondeu. Eu estava sendo injusta, imaginei. Até onde sabia, não existiam respostas para essas perguntas.

— Você percebe — continuei —, no Museu Britânico existem versões antigas da Bíblia publicadas quase trezentos anos antes do nascimento de Maomé. Em toda a questão entre o cristianismo e o islamismo, esses antigos manuscritos são idênticos à Bíblia de hoje. Os peritos dizem que nos pontos básicos essenciais a Bíblia de hoje não é diferente do original. Para mim, pessoalmente, isso é importante, pois a Bíblia tornou-se uma Palavra viva: fala à minha alma e me alimenta. Ajuda-me e me dirige...

Meu visitante levantou-se sem dar-me tempo para terminar.

— ...e assim — continuei —, acho que é muito importante saber se realmente há passagens bíblicas com as quais esteja perdendo o meu tempo. Você pode esclarecer isso?

— A senhora está falando acerca da "Palavra" como se fosse viva — disse-me o visitante.

— Acredito que Cristo vive, se é isso que você quer dizer — disse eu. — O próprio *Alcorão* diz que Cristo é a Palavra de Deus. Adoraria conversar a respeito dela com você em outra oportunidade.

— Devo partir.

Foi tudo. Acompanhei meu visitante à porta e convidei-o para voltar. Ele nunca voltou, mas outros vieram, alguns bem preparados para a batalha e com concepções errôneas tão grandes!

Jamais me esquecerei do que acusou os cristãos de adorarem três deuses distintos.

— A assim chamada Trindade consiste em Deus, Maria e Jesus! — disse ele. — Vocês, os cristãos, dizem que Deus tomou uma esposa, Maria, e de sua união nasceu Jesus. Alá não pode ter esposa! — Riu ele.

Orei rapidamente. E uma linha clara de pensamento veio-me à mente.

— Você lê o *Alcorão*? — perguntei.

— É claro.

— Bem, então você deve lembrar-se de que o *Alcorão* diz que o Espírito de Deus foi dado a Cristo. — Tinha indagado a mim mesma com frequência como podia o *Alcorão* conter verdades tão maravilhosas como esta! — Você talvez tenha ouvido falar de Sadu Sundar Sing, o sique devoto a quem Jesus apareceu em uma visão. A explicação que Jesus deu da Trindade foi: "Assim como no Sol há calor e luz, e a luz não é calor e o calor não é luz, e ambos são um, embora manifestem-se de formas diferentes, assim também eu e o Espírito Santo procedemos do Pai, trazemos luz e calor ao mundo... Entretanto não somos três, mas um, assim como o Sol é um".

Quando parei de falar, a sala estava em silêncio. Meu hóspede meditava profundamente. Por fim, levantou-se, agradeceu-me por ter passado algum tempo com ele e em silêncio deixou a casa.

Ao observar sua figura esguia descendo a entrada de carro encascalhada, ocorreu-me indagar de mim mesma se minhas curtas palestras com pessoas como o inglês e este "zelote" estavam realmente sendo usadas pelo Senhor. Não tinha como saber; nunca mais tive notícias deles. Mas isso não era importante. Talvez eu nem devesse preocupar-me com os resultados. A única coisa que realmente importava para mim era a obediência. Se o Senhor me pedia que falasse com essas pessoas, era justamente isso que devia fazer.

À medida que o inverno se transformava em primavera, o Senhor parecia apresentar-me outras maneiras de testemunhar. Fui a Lahore e, depois de uma boa mas estranha e incomunicativa conversa com meu filho Khalid, comprei cem exemplares da Bíblia a fim de distribuir a qualquer pessoa que se interessasse em possuir um. Comprei também grande quantidade de folhetos. Distribuía-os em toda oportunidade que encontrava; deixava-os também nos banheiros públicos. Não tenho certeza de que isso tenha dado algum resultado. Certa vez, ao voltar ao banheiro onde tinha deixado um pacote de folhetos, vi que esse pacote havia diminuído. Olhei para a cesta de lixo. Ali, amassados, estavam os exemplares que faltavam.

— *Parece tudo tão sem propósito, Senhor* — disse eu. — *Estou fazendo o que o Senhor deseja? Por que, Senhor?* — ergui as mãos em súplica. — *Não pude, uma única vez, ver os resultados do testemunhar de ti?* — Pensava no inglês convertido ao islamismo, no general, em todos os criados que haviam fugido e nas centenas de vezes em que tinha conversado com pessoas de minha família e amigos. Nenhuma dessas experiências havia produzido frutos visíveis. — *Tudo é tão curioso, Senhor! Simplesmente não compreendo por que não me estás usando.*

À medida que orava, a sensação da presença de Cristo aumentava naquela sala. Ele parecia encher a atmosfera de poder e conforto. Ouvi, no coração, a sugestão distinta: — *Bilquis, tenho somente uma pergunta a fazer-lhe: pense nas vezes em que você conversou com seus amigos e com sua família. Pense nas vezes em que aceitou as pessoas que vieram a fim de discutir. Você sentiu minha presença durante essas conversas?*

— *Sim, Senhor. Sim, deveras, senti-a.*
— *Minha glória estava lá?*
— *Sim, Senhor.*
— *Isso é tudo o de que você precisa. É assim, muitas vezes, que acontece com os amigos e com a família. Os resultados não são*

problema seu. Você deve preocupar-se somente com a obediência. Busque minha presença, não os resultados.

Assim, continuei em minha trajetória. O estranho é que ela se tornava cada vez mais estimulante e revigoradora. Uma vez que o Senhor havia desviado minha atenção dos "resultados" para sua presença, eu podia ter a alegria de ver amigo após amigo, parente após parente, sem o mínimo sentimento de frustração. Aprendi a aproveitar as oportunidades. Quer a conversa versasse sobre política ou roupas, pedia que Deus fizesse surgir uma questão que me desse uma abertura. Por exemplo, certa vez, ao conversar com uma sobrinha, a palestra foi levada a meu ex-marido, que agora era embaixador paquistanense no Japão.

— E se Khalid viesse à sua casa? — sorriu ela, levantando as sombrancelhas.

Olhei-a nos olhos. — Daria a ele boas-vindas. Serviria a ele chá... — Minha sobrinha olhou para mim com incredulidade. — Já lhe perdoei — continuei. — E espero que ele *me* tenha perdoado tudo o que fiz para magoá-lo.

— Como é que a senhora pode perdoar dessa maneira?! — Minha sobrinha sabia que a separação tinha sido muito difícil.

Expliquei ser verdade que por mim mesma não podia perdoar. Havia pedido a Jesus que me ajudasse. — Você percebe — disse eu. — Jesus convidou-nos para levar nossos fardos a ele. Jesus desfez o meu fardo de ódio.

Minha sobrinha ficou imóvel por uns instantes.

— Bem — disse ela —, esse é um cristianismo do qual ainda não tinha ouvido falar. Se a senhora vai agir dessa maneira, eu serei um dos primeiros a vir aprender a respeito de seu Jesus.

Ainda aqui fiquei desapontada. Tinha grandes esperanças. Cria deveras que minha sobrinha voltasse ao assunto, mas nunca mais o fez.

Também houve dias em que a glória me deixou durante esse período. Sempre acontecia do mesmo modo. Eu caía na armadilha de Satanás: convencia-me ele de eu estar fazendo um bom trabalho, de que meus argumentos eram realmente profundos!

Certo dia, por exemplo, um amigo perguntou-me:

— Por que você tem de ser tão exclusivista? Você terá de admitir que todos nós adoramos o mesmo Deus, quer a pessoa seja cristã, muçulmana, hindu, budista ou judia. Podemos dar-lhe nomes diferentes e irmos a ele de diferentes direções, mas no final é o mesmo Deus.

— Você quer dizer que ele é como o topo de uma montanha ao qual todos os diferentes caminhos levam?

Ele se ajeitou na cadeira equilibrando sua xícara de chá e assentiu com a cabeça. Então lancei-me ao ataque.

— Bem — disse eu —, ele pode ser o topo da montanha, mas só existe um caminho que leva a ele, e este é Jesus Cristo. O Senhor disse: "Eu sou o caminho, a verdade e a vida". Não simplesmente *um* caminho — acrescentei categoricamente —, mas *o* caminho.

Meu amigo depôs sua xícara de chá, fez uma careta e sacudiu a cabeça.

— Bilquis — disse ele —, será que ninguém ainda lhe disse que você parece muito orgulhosa?

Instantaneamente, eu sabia que o homem sentado à minha frente falava por Deus. Meus argumentos estavam corretos. Eram bíblicos e sãos. Mas o Espírito havia-se retirado. *Bilquis* estava certa. *Bilquis* ditava a verdade. Rapidamente, fiz uma oração de arrependimento e pedi que o Senhor tomasse o controle.

— Sinto muito — falei. — Se pareço convencida por ser cristã, então não estou agindo como Cristo deseja. Quanto mais aprendo a respeito de Cristo, tanto mais preciso ser corrigida. O Senhor tem tanto a ensinar-me, e sei que neste exato momento ele está falando por meio de você.

Meu visitante saiu, talvez um pouco mais perto do Senhor, talvez não. Duvido que jamais venha a saber. Mas sei que eu estava, passo após doloroso passo, aprendendo a ouvir e a obedecer.

Então, certa noite, tive outra daquelas experiências assustadoras que estavam acontecendo depois de ter-me tornado cristã. Estava em meu quarto preparando-me para dormir quando repentinamente senti a presença poderosa do mal à janela. Instantaneamente, voltei-me para meu protetor, que me advertiu de não chegar perto da janela. Caí ao chão orando, pedindo que o Senhor me cobrisse como a galinha cobre seus pintainhos e senti-me totalmente protegida. Ao levantar-me, a presença da janela havia desaparecido.

Na manhã seguinte, fui de carro à casa dos Mitchell. O sol brilhava iluminando as ruas, mas por dentro ainda me estremecia. Chegando à porta da casa deles, senti certa hesitação em mencionar o que me havia acontecido, com receio de eles não compreenderem.

À porta, Synnove abraçou-me. Então, afastando-se, seus olhos azuis questionaram-me.

— O que há, Bilquis? — perguntou ela.

— Bem — aventurei-me —, por que as coisas assustadoras continuam acontecendo depois da pessoa tornar-se cristã?

Levou-me para a sala de estar, onde nos assentamos.

— Realmente, não sei o que você quer dizer — respondeu ela com ar curioso. — Alguém a ameaçou?

— Não alguém — respondi —, mas *alguma coisa*.

— Oh! — disse ela. Levantou-se e foi buscar a Bíblia. — Aqui — disse ela assentando-se e folheando as páginas da Bíblia. — Efésios 6 fala desse tipo de coisas. — Leu: "Pois não é contra carne e sangue que temos de lutar, mas sim contra os principados, contra as potestades, contra os príncipes do mundo destas trevas, contra as hostes espirituais da iniquidade nas regiões celestes".

Levantou os olhos para mim.

— Deve ser isso — disse eu e contei-lhe o que tinha acontecido naquela noite.

Ela ouviu com atenção e perguntou:

— Por que você não conversa com os Old acerca disso?

— Bem — disse eu, dando uma risada nervosa —, nem mesmo sei se desejo *falar* mais acerca disso.

E assim ainda pensava no início de nossa reunião com os Old naquela noite. Decidi não mencionar o assunto. Simplesmente estaria me expondo ao ridículo, concluí. Provavelmente, era só minha imaginação.

Entretanto, ao conversar com Marie Old sentada no sofá defronte à lareira, não pude deixar de mencionar o assunto. Tentei parecer despreocupada.

— Aconteceu-me uma coisa muito estranha na noite passada, Marie — disse eu. — Tive uma experiência por demais assustadora e não posso explicá-la.

Ken, seu marido, geralmente descontraído, estava sentado numa cadeira à janela atrás de nós lendo um livro. Ao ouvir-me, abaixou o livro, olhou para nós e, percebendo minha relutância em falar a respeito dessa experiência, tranquila e gentilmente levou-me a explicar o episódio todo.

Ao terminar, tentei rir.

— E também — disse eu alegremente — pode ser que eu tivesse comido *caril* demais no jantar na noite passada.

— Não diminua as coisas pelas quais o Senhor a faz passar — disse ele calmamente. — As coisas sobrenaturais *realmente* acontecem. — Ele contornou o sofá e sentou-se numa cadeira à nossa frente, compenetrado.

Explicou a presença sobrenatural do mal e como Deus às vezes permite que ela sobrevenha a nós como uma prova. Exemplificando, citou no Antigo Testamento a permissão que Deus deu a Satanás para afligir Jó; no Novo Testamento, Deus permitiu que o Maligno tentasse Cristo no deserto. Essas duas ocasiões, ressaltou

Ken, foram provas. E em cada caso, acrescentou ele, a pretendida vítima de Satanás emergiu vitoriosa por causa de sua fé sincera em Deus. Não pude deixar de lembrar-me do ataque que sofri duas noites antes do meu batismo.

A aprendizagem continuava lentamente. Mas o que eu não sabia, ao meditar com gratidão no ensino confortador de Ken, era que o Senhor já tinha começado um processo que me deixaria cada vez mais solitária; solitária, mas não a sós. Processo esse que me afastaria mais e mais de minha família, levando-me para uma família grande e protetora; que me afastaria das raízes em Wah que tanto significavam para mim, fazendo que criasse raízes profundas em uma nova cidade.

Por causa das provas de resistência vindouras, ele me fazia passar, muitas vezes, por situações nas quais eu tinha de depender somente dele.

Capítulo 11

Ventos de Mudança

O processo de emancipação começou certo domingo algumas semanas mais tarde, durante nossa reunião regular de oração. Achei que tanto os Old como os Mitchell pareciam inusitadamente sombrios nessa noite.

— O que há de errado? — perguntei ao entrarmos na sala de visitas dos Old. Ken inclinou a cabeça para trás olhando para o teto.

— Marie e eu vamos tirar férias de um ano — disse ele abruptamente.

Minha primeira reação foi de pânico. Tive a impressão de estar sendo abandonada. O que faria sem os Old?! É claro que ainda havia os Mitchell, mas eu dependia do apoio de ambas as famílias. Os Mitchell haviam-me levado ao primeiro contato com a igreja; os Old tinham andado intimamente comigo. Seria isso apenas o começo? Quanto tempo levaria para perder as duas famílias?

Marie deve ter lido meu coração, pois, aproximando-se, tomou-me a mão. Enquanto falava, lágrimas enchiam-lhe os olhos.

— Querida, você deve compreender que sempre será assim — disse Marie. — Os que amamos sempre partirão. Só Jesus permanece conosco para sempre.

Ken agora havia-se juntado à esposa ao meu lado.

— Há outra coisa, Bilquis — disse Ken. — Você pode ter a certeza de que o Senhor jamais nos tira de uma situação segura, a menos que tenha um propósito para isso. Assim, você pode começar a regozijar-se neste instante, ainda que em meio à dor.

Os Old, os Mitchell e eu tínhamos somente mais algumas semanas para passarmos juntos. A data da partida aproximava-se trazendo consigo um horrível sentimento de destruição. Todos tentávamos olhar com fé para o vácuo que criaria a partida de Ken e Marie; mas tudo não passava de encenação.

Foi um dia triste quando os Mitchell, eu e outros de nosso pequeno grupo de cristãos fomos à casa dos Old dizer-lhes adeus. Fizemos o mais que podíamos para transformar esse último momento em celebração, mas nosso coração estava pesado demais. Tentávamos ver a ocasião como uma oportunidade não de "deixá-los ir", mas de "enviá-los".

Foi uma tentativa corajosa. Mas, em nosso coração, ao vermos o carro dos Old carregado partir em direção à Rodovia Tronco Grande, parecia-nos que a vida já não poderia ser tão rica quanto antes.

Ao dirigir de volta a minha casa nesse dia, tive uma sensação estranha de estar agora por minha conta, sozinha numa comunidade hostil. Que ridículo! Afinal de contas, os Mitchell ainda estavam em Wah!

O processo de emancipação tomou rumo novo e inesperado certa manhã, alguns meses depois de os Old terem partido, quando o dr. Danie Baksh me telefonou. Disse ele que o dr. Stanley Mooneyham e ele, representando um grupo chamado World Vision [Visão Mundial], com sede no estado da Califórnia, nos Estados Unidos, gostariam de visitar-me. Eu nunca havia ouvido falar dessa organização, mas minhas portas estavam abertas a qualquer pessoa; até àquelas que só tinham curiosidade em ver uma muçulmana que se tornara cristã.

Ambos chegaram alguns dias mais tarde. Terminado o jantar, o dr. Mooneyham começou a falar, e suas palavras deixaram claro que ele não era nenhum curioso à procura de novidades. É claro que tinha interesse em minha conversão, mas percebi que ele teria o mesmo interesse se o convertido fosse o meu jardineiro. Enquanto tomávamos chá, ele tocou no assunto.

— A senhora viria a Cingapura, madame Sheikh — perguntou o dr. Mooneyham — para testemunhar do Senhor?

— Cingapura?

— Billy Graham está programando uma grande conferência lá, chamada *Cristo Busca a Ásia*, tendo em mira todos os cristãos asiáticos: indonésios, japoneses, indianos, coreanos, chineses, paquistanenses. Seu testemunho seria uma inspiração para todos nós.

Não parecia direito. Eu tinha o suficiente a fazer em Wah sem ter de viajar a outras partes do mundo.

— Bem — disse eu —, orarei a esse respeito.

— Por favor, faça-o! — disse o dr. Mooneyham e logo despediu-se.

Muito tempo depois de o dr. Mooneyham ter saído, fiquei sentada na varanda pensando e orando, como havia prometido, a respeito do convite. Uma parte de mim dizia que eu devia aproveitar a oportunidade; outra parte dizia que eu não devia nem pensar nisso.

Então ocorreu-me uma ideia.

Meu passaporte. É claro. Estava quase vencido. Para ir a Cingapura, teria de renová-lo. Nessa época, no Paquistão, o processo burocrático para a renovação de passaportes era muito complicado. A situação era *impossível*. Algumas pessoas mandavam o passaporte para renovação e *nunca* mais o recebiam de volta.

Por que não deixar que essa situação falasse pelo Senhor? Se ele desejasse minha ida, tomaria conta do passaporte.

Nessa mesma tarde, preenchi os formulários necessários e mandei o passaporte aos oficiais competentes. Ao colocá-lo na caixa do correio, tinha pouca dúvida de que isso seria o "não" à minha viagem a Cingapura.

Uma semana depois, um envelope com aparência oficial chegou pelo correio.

— Humm — sorri —, é o primeiro passo para conseguir minha renovação; alguns formulários para serem preenchidos. E assim continuará por meses.

Abri o envelope.

Lá, renovado e oficialmente selado, estava meu passaporte.

E assim foi. Alguns meses mais tarde, disse adeus a Mamude, agora com 6 anos de idade, e fui de carro até Lahore. Lá, antes de partir para Karachi, onde tomaria o avião a jato para Cingapura, fiz uma curta visita ao meu filho Khalid. Embora estivéssemos em 1968 e um ano e meio houvesse passado desde que o Senhor se encontrara comigo, Khalid agia como o restante de minha família; mostrava pouco interesse em minha descoberta. Suspeitei que ele achava ser estranha que eu, aos 48 anos, fizesse uma viagem dessas. Mas, como mãe, eu devia ser respeitada, e assim tivemos uma conversa agradável.

Mais tarde, depois de embarcar no jato em Karachi e examinar a situação objetivamente, tive a impressão de que Khalid estivera certo. O que eu estava fazendo num avião a caminho de Cingapura? Havia muitos cristãos a bordo, e eu não tinha certeza de estar gostando do que via. Afastei-me da exuberância deles. Cantavam hinos, gritavam uns para os outros através do corredor e às vezes, erguendo as mãos, exclamavam: "Louvado seja o Senhor!". Fiquei embaraçada. Havia uma qualidade artificial nessa alegria, não muito diferente da alegria forçada que ocasionalmente tinha visto entre os convencionais nas ruas de Londres. Murmurei para mim mesma que, se era isso que significava viajar em círculos cristãos, eu não estava interessada.

O que piorava a situação era que, por motivos que não podia definir, sentia ter essa viagem um significado pessoal que ia além do que eu iria fazer em Cingapura. Era como se fosse uma viagem profética, prenúncio do tipo de vida a que seria chamada a viver.

— *Oh, não, Senhor* — disse a mim mesma. — *O Senhor deve estar brincando comigo! — Profética em que sentido? Que terei de passar muito tempo em meio a extrovertidos, viajando de jatos?*

Em Wah, eu acabava de me acostumar um pouco com o meu papel de cristã, mas Wah era uma vila provinciana. Lá, pelo menos, eu estava no controle da situação. Cristianismo para mim era uma alegria privada, a ser partilhada de acordo com minhas regras. Definitivamente, não gostava da ideia de desfilar perante centenas, talvez milhares de pessoas estranhas.

Quando o avião decolou, fiquei olhando para fora da janela até ver o Paquistão desaparecer no nevoeiro. Embora soubesse que voltaria dentro de alguns dias, alguma coisa advertia-me de que em um sentido muito real isso era apenas o princípio. Embora houvesse de retornar fisicamente a meu lar, em outro sentido eu jamais voltaria. Esse grupo de cristãos era agora a minha família.

Qual seria o significado de tudo isso? A ideia espantava-me.

Do aeroporto de Cingapura, fomos direto para o salão de conferências; as reuniões já tinham começado.

Repentinamente, para minha surpresa, descobri que minha reação a esse grupo de cristãos reunidos era bem diferente.

Havia milhares de homens e mulheres no salão de conferências, o maior conglomerado de pessoas que eu já tinha visto. Quando entrei no salão, cantavam o hino "Quão grande és tu". Senti a presença emocionante e familiar do Espírito de Deus. Quase instantaneamente, eu queria chorar, não de tristeza, mas de alegria. Nunca antes havia visto tão grande multidão louvando ao Senhor. Mal podia compreender a extensão de tudo isso. Tanta gente de tantos países! Raças diferentes, diferentes roupas! Galerias de cristãos em louvor que parecia elevar-se para sempre.

Isso era diferente! Não parecia nada com o grupo de pessoas no avião. Então percebi o que tinha acontecido. Repentinamente, tudo ficou muito claro. As pessoas no avião estavam tímidas, nervosas e talvez até com medo — medo da novidade, medo de voar. Blefavam e faziam pose, não no Espírito, apesar do linguajar cristão. Moviam-se no Espírito tanto quanto eu ao repreender um dos criados ou reagir violentamente a um tio quando tentava pressionar-me de volta ao islamismo. O problema era a linguagem. O falar cristão havia-me enganado. Devia ter reconhecido o "cristianês", por assim dizer, o disfarce de uma dor.

Ali, porém, no centro de conferências era diferente. A hora social havia terminado, o culto começara. Se a profecia que eu havia recebido significasse estar com grupos como esse, *isso* eu podia apreciar e aceitar.

Uma coisa ainda me preocupava. Deveria eu realmente ficar à frente desses milhares de pessoas e testemunhar a elas? Uma coisa era contar minhas experiências aos conhecidos em Wah. Mas ali? Com todas essas pessoas de aparência estranha, de tantos continentes diferentes? Não me sentia nada segura.

Apressei-me para o hotel, onde tentei descontrair-me. Olhei para fora da janela, para Cingapura, que fervilhava de gente. Que diferença entre Cingapura, Londres e Paris! As pessoas apertando-se nas ruas, mascates anunciando seus produtos em cantilenas monótonas, carros trafegando pelo meio da multidão, constantemente buzinando. A própria multidão parecia ameaçar-me; vinha-me o mesmo sentimento que tivera no salão de conferências. Tremi, fechei a cortina e fui para o outro lado do quarto. Sentei-me e tentei acalmar-me.

— *Oh, Senhor* — clamei. — *Onde está teu Espírito confortador?*

Subitamente, lembrei-me de uma experiência da infância: andava com papai pelo mercado de Wah. Papai preveniu-me que permanecesse a seu lado, mas, sempre ativa, eu desejava correr.

Certo dia, separei-me dele. Uma exposição de flores chamou-me a atenção e corri para lá. Subitamente, compreendi que meu pai já não estava a meu lado. Enchi-me de pânico e explodi-me em lágrimas.

— Ó papai — solucei —, vem socorrer-me! Eu jamais fugirei de ti! — Falava eu ainda quando o vi, alto e esbelto, correndo para mim por entre a multidão. Eu estava com ele de novo. Tudo o que queria agora era permanecer a seu lado.

Sentada, no quarto de hotel, compreendi que de fato tinha deixado meu Pai celeste outra vez. Ao permitir-me ficar ansiosa, havia fugido de sua presença confortadora. Quando aprenderia que não posso preocupar-me e confiar em Deus ao mesmo tempo?! Descontraí-me, recostei-me na cadeira e senti paz novamente.

— Obrigada, Pai — disse, chorando de alívio. — Por favor, perdoa-me por ter-me afastado de ti. Tu estás aqui e também no salão de conferências. Estarei segura.

Alguns minutos depois, no saguão do hotel, senti uma mão pressionar-me o braço e ouvi uma voz familiar. Voltei-me e vi o dr. Mooneyham.

— Madame Sheikh! É tão bom vê-la aqui! — O dr. Mooneyham parecia muito contente em me ver. — Ainda está disposta a falar? — Era como se ele tivesse lido meu pensamento.

— Não se preocupe comigo — disse sorrindo. — Estarei bem. O Senhor está aqui.

O dr. Mooneyham, parado, estudava meu rosto, como se procurasse um modo de interpretar minhas palavras. Afinal, eu estivera usando o "cristianês" também, e, se o levasse a sério, possivelmente se enganaria como me havia enganado no avião. Os olhos do dr. Mooneyham pareciam ler minha própria alma. Logo pareceu satisfeito.

— Bem — disse ele abruptamente. — Você está escalada para amanhã de manhã. — Olhou para o relógio. — Você terá muito apoio em oração.

O dr. Mooneyham tinha-me compreendido corretamente. O sentimento de segurança durou por toda a manhã seguinte também, quando deveras me levantei perante aqueles milhares de pessoas a fim de contar-lhes a maneira estranha em que o Senhor me havia encontrado. Não foi difícil falar. Ele estava comigo enquanto eu tropeçava nas palavras procurando dizer alguma coisa. Ele abraçava-me estimulando-me e assegurando-me de que era *ele* quem estava comunicando, e não eu. Enquanto as pessoas me rodeavam em comunhão amorosa depois da palestra, parecia-me ter dado o primeiro passo em direção a um novo tipo de trabalho para o Senhor.

O Senhor também providenciou para que eu conhecesse um homem que seria de grande influência em minha vida, embora nessa época eu não soubesse disso. Fui apresentada ao dr. Christy Wilson, um amável cavalheiro, pastor de uma igreja para os estrangeiros em Cabul, no Afeganistão. Encontramos comunhão no Espírito do Senhor enquanto falávamos a respeito de seu trabalho.

Em breve, as reuniões se acabaram, e eu estava a caminho de casa. Uma vez mais, percebi que a viagem toda tinha um caráter estranhamente premonitório, como se Deus tivesse pedido que eu fosse com ele a Cingapura a fim de aprender mais acerca de um trabalho que tinha para mim.

Bem, disse para mim mesma, pelo menos estarei sediada em Wah. Talvez eu não me importasse *demais* em viajar de vez em quando; deixar meu lar confortável e seguro de vez em quando.

Enquanto o carro saía da Rodovia Tronco Grande em direção à nossa casa, que aparecia segura por entre as árvores, eu não tinha como saber que o processo de emancipação ia destruir um pouco mais dessa segurança.

Capítulo 12

Tempo de Semear

O passo seguinte da separação veio com a notícia triste de que os Mitchell estavam saindo de férias. Ficariam algum tempo fora do Paquistão.

Havia passado mais de ano desde o acontecimento em Cingapura. Estava sentada na sala de estar dos Mitchell com nosso pequeno grupo de homens e mulheres cristãos, profissionais liberais da região. Era uma ocasião triste — a última reunião com David e Synnove. Não podia deixar de pensar na primeira vez em que fora a essa mesma casa de varanda baixa como uma pessoa que busca mas hesita. Tanta coisa tinha acontecido desde então! Olhei para o rosto das duas pessoas que acompanharam tão de perto minha apresentação a Cristo. David, alto, cabelo tornando-se grisalho; Synnove, tão interessada, orando consistentemente por mim.

— Vou sentir uma falta terrível de vocês — disse eu no pequeno gramado em frente à casa dos Mitchell. Como é que vou passar sem sua companhia e comunhão?

— Talvez o Senhor a esteja ensinando a passar sem ela — disse Synnove. — Ele está sempre esticando-nos, você sabe, Bilquis, até que não tenhamos nenhum ponto de apoio seguro, a não ser ele.

Isso parecia bom, mas ainda não gostava de ser esticada e o disse a Synnove. Ela simplesmente riu.

— É claro que você não gosta, querida Bilquis. Quem é que jamais deseja deixar um lugar seguro? Mas a aventura jaz adiante!

Synnove entrou em seu velho carro e fechou a porta. Um abraço a mais através da janela, e subitamente o carro dos Mitchell rodava por entre a poeira, ganhando distância, deixando para trás os edifícios caiados que tinham servido de alojamento para oficiais durante a Segunda Guerra. O carro desapareceu na esquina. Aventura, deveras! Ali estava eu, uma cristã solitária numa cidade muçulmana. Seria capaz de sobreviver sozinha?

Passaram-se várias semanas, e durante esse tempo, francamente, foi-me difícil ver ou perceber a aventura que Synnove havia prometido ou a direção e propósito que Ken Old tinha predito quando de sua partida, que parecia ter sido muito tempo atrás. A reunião dos domingos à noite continuou, primeiro em uma casa e depois em outra dos cinco de nós que ficáramos; mas na falta da liderança dos Old e dos Mitchell as reuniões pareciam estar morrendo.

Então, certa noite, depois de uma reunião sem vida, veio-me uma ideia. Será que não estávamos cometendo um erro tentando fazer as coisas exatamente como os Mitchell e os Old haviam feito? Nosso pequeno grupo certamente atrofiaria se não conseguíssemos sangue novo em nosso meio. O que aconteceria — e sentia o pulso apressar simplesmente ao pensar nisso — se convidássemos pessoas para nossa reunião, que não fossem médicos, engenheiros ou missionários? Suponhamos que convidássemos cristãos e não cristãos, varredores de rua e pessoas da classe baixa, a unirem-se em comunhão conosco. Talvez em minha própria casa, por ser grande e conveniente. Quando fiz essa sugestão, nosso pequeno grupo resistiu, a princípio, mas depois concordou cepticamente. Decidimos ir em frente. Mediante convites diretos e também por meio da ramificação dos empregados, dei a notícia de que teríamos uma noite cristã em minha casa no domingo à noite.

Fiquei surpresa ao ver quanta gente apareceu. A maioria era de Rawalpindi, onde a notícia tinha-se espalhado mais rapidamente. E, como esperava, nem todos eram cristãos. Muitos, simplesmente estavam famintos e queriam descobrir mais acerca do Deus cristão. Nós, os do grupo original, como líderes, cantamos, oramos e tentamos fazer o possível a fim de ministrar às necessidades individuais dos criados, trabalhadores, professores e homens de negócios que também compareceram.

Logo havia um novo sentimento nas reuniões de domingo. A responsabilidade era espantosa. Eu e os outros líderes desse pequeno grupo passávamos horas ajoelhados, horas de intimidade com o Senhor e com sua Palavra, tentando certificar-nos de que não divergíssemos nem um pouquinho da direção que ele desejava que tomássemos. Subitamente, o período "sem resultado" que eu tinha experimentado foi invertido. Pude ver conversões reais. A primeira pessoa a vir ao Senhor foi uma jovem viúva. Ela derramou sua mágoa e solidão e depois pediu que o Senhor entrasse em sua vida. Era extraordinário observar as transformações em sua personalidade; de uma criatura sombria e indefesa, tornou-se uma filha de Deus cheia de esperança. Em breve, um mecânico de uma oficina próxima entrou no reino do Senhor, então um arquivista, depois um varredor de rua.

E tudo isso em minha casa. Sentia-me deveras honrada, embora continuasse indagando a mim mesma quando começaria minha família a falar a respeito dessa mancha em nossa reputação. Mas ninguém reclamava, por enquanto. Era como se a família não quisesse admitir o que estava acontecendo. Certo dia, tropecei num ladrilho do terraço, caí e sofri uma leve fratura. Minha família não me veio ver; porém alguém telefonou. Pelo menos, estavam telefonando!

Ao passo que a oposição a minha vida cristã, de parte de minha família, estava lentamente diminuindo, dentro de mim mesma sentia grande resistência. Eu ainda era uma pessoa muito privada, possessiva; minha terra e meu jardim eram meus e de mais ninguém.

Do outro lado do gramado, existia uma estrada que levava ao alojamento dos criados. Crescendo ao lado dessa estrada, existia uma árvore chamada *ber*, que dá um fruto vermelho parecido com a cereja. Nesse verão, depois de os Mitchell terem ido embora, crianças da vila (talvez estimuladas por relatos de uma mudança em minha personalidade) começaram a invadir minha propriedade a fim de subir na árvore e tirar os frutos. A invasão em si já era horrível, mas, quando os gritos delas começaram a perturbar minha hora de descanso, saí à janela e ordenei ao jardineiro que as enxotasse. Nesse mesmo dia, mandei cortar a árvore. Isso resolveria o problema permanentemente!

Assim que a árvore foi destruída, percebi o que tinha feito. Com a árvore, fora-se a alegria e a paz da presença do Senhor. Por um longo tempo, deixei-me ficar à janela olhando para o lugar vazio onde estivera a árvore. Como desejava que a árvore ainda estivesse ali para que eu pudesse ouvir os gritos alegres das crianças. Compreendi quem era a verdadeira Bilquis Sheikh. Compreendi de novo que com minhas próprias forças jamais seria diferente. Somente o Senhor, por meio de sua graça, poderia operar alguma mudança em mim.

— *Ó Senhor* — disse eu —, *por favor, deixa-me voltar à tua presença!* — Só havia uma coisa a ser feita. Espalhadas por todo o jardim, existiam grandes árvores carregadas de frutos do verão. No dia seguinte, mandei um convite às crianças da vila. Que viessem e se divertissem! E elas o fizeram. Embora tivesse eu a certeza de que elas tentaram ser cuidadosas, não podia deixar de reparar nos galhos quebrados e nas flores amassadas.

— *Acho que percebo o que estás fazendo, Senhor* — disse eu certa tarde depois de as crianças terem ido para casa, enquanto verificava o dano. — *O Senhor acha que o jardim nos separa. Estás tentando desprender-me dele. Tu o tomaste para dar a outros. E olha como eles se divertiram! É teu jardim. Cedo-o a eles com grande prazer. Obrigada por usares isto a fim de levar-me de volta à tua presença confortadora.*

E ele voltou realmente. Até eu precisar de uma nova poda. Dessa vez, não foi o jardim, mas meu precioso descanso.

Numa tarde fria de novembro, enquanto eu descansava, Mamude entrou no quarto. Quase adolescente, as feições bem-humoradas predizendo o futuro de um homem elegante. Mas nesse instante tinha ele o rosto perturbado.

— Mamãe, há uma mulher lá fora que deseja falar com a senhora. Ela está com um bebê nos braços.

Levantei a cabeça.

— Mamude — disse eu, esquecendo-me das instruções dadas a Nur-jan e a Raisham —, você já tem 8 anos de idade! Você *sabe* que não quero ver ninguém a esta hora do dia.

Nem bem Mamude tinha saído do quarto quando me atingiu o seguinte pensamento: o que o Senhor teria feito? E, é claro, eu sabia a resposta. Ele teria ido à mulher imediatamente, ainda que fosse no meio da noite.

Chamei Mamude, que ainda não estava tão longe que não pudesse ouvir minha voz. Uma vez mais, ele enfiou o rosto bronzeado pela porta.

— Mamude — disse eu —, o que essa mulher deseja?

— Acho que o bebê dela está doente — disse Mamude entrando no quarto. Eu podia ver a preocupação estampada em seu rosto.

— Bem, então leve-a à sala de recepção — ordenei enquanto me preparava para descer.

Num instante, juntei-me a Mamude, à mulher e à criança. A mulher vestia-se grosseiramente, à moda dos camponeses. Tinha a aparência de avó, e não de mãe do bebê. Rosto murcho, ombros descaídos; as pantalonas envolviam uma estrutura franzina. Só quando levantou para mim o rosto e fitou-me com seus olhos castanhos profundos, pude perceber que ela também não passava de uma criança.

— Que posso fazer por você? — perguntei, meu coração suavizando-se.

— Ouvi falar da senhora na vila e andei até aqui.

O lugar mencionado por ela ficava a 25 quilômetros de distância. Não era de admirar que a pobrezinha tivesse essa aparência tão cansada. Mandei buscar chá e sanduíche. Perguntava-me a mim mesma se ela ainda estava dando de mamar ao bebê; em algumas vilas, as mães amamentam os filhos até os 3 anos de idade. Os olhos do bebê fixaram-se, sem vida, no candelabro de cristal, a boquinha imóvel. Coloquei a mão sobre a testa da criança a fim de orar por ela; a testa estava quente e seca. Ao impor as mãos sobre a cabeça da mulher, podia sentir gerações de minha família estremecendo-se. No passado, eu teria ficado horrorizada se até a sombra dessa camponesa tivesse pousado sobre mim.

Meu coração encheu-se de compaixão para com os pequenos, mãe e filho, enquanto pedia a Deus que os curasse em nome de Jesus. Quando a criada retornou, disse-lhe que trouxesse algumas vitaminas para a mãe. Conversamos por cerca de meia hora, a mãe contando-me sua vida com um marido que tinha sido aleijado num acidente, o bebê, alimento insuficiente. E, sim, ela estava dando de mamar ao bebê — era a maneira mais barata de alimentá-lo. Quando a mulher finalmente se levantou para sair, retive-a com um gesto.

— Não — murmurei. — Ainda não. Devemos descobrir uma maneira pela qual você e o bebê recebam ajuda. — Ao dizer isso, a velha Bilquis Sheikh começou a ficar nervosa. E se chegasse a outras pessoas necessitadas de Wah a notícia de que a Begum Sahib, no grande jardim, dava ajuda aos pobres? Não seríamos invadidos por filas de outras pessoas magras, emaciadas, doentes e desesperadas?

No entanto, no instante em que meu coração sussurrava essa pergunta, eu sabia que não tinha escolha. Eu estaria falando sério ou não quando disse ter entregado minha vida e *tudo o que possuía* ao Senhor.

— ... e, é claro, seu marido precisa de atenção também. Vocês todos irão para o hospital. E vamos prover algum alimento decente para vocês. Então, se seu marido ainda não puder encontrar trabalho, avise-me.

Aí terminou a visita. Providenciei para que o hospital me mandasse a conta e esperei. Mas a mulher jamais voltou. Fiquei um pouco surpresa. Quando perguntei aos criados se sabiam o que tinha acontecido a ela, eles — como de costume — tinham a resposta. Ela, o bebê e o marido tinham ido ao hospital, e todos agora estavam melhores. O marido tinha arranjado trabalho. Meu ego estrilou a princípio por causa da ingratidão da mulher em não vir agradecer-me, mas o Senhor interceptou-me a tempo.

— *Foi por isso que você a ajudou? Para que pudesse receber agradecimentos? Eu pensava que a ação de graças devia ser dada a mim!*

E é claro que ele tinha razão. Voltei, mentalmente, ao lugar onde *eu* senti ter cuidado dessa mulher pela primeira vez. Então pedi que o Senhor me perdoasse e que jamais me permitisse cair nessa armadilha novamente.

— *Senhor* — suspirei —, *teus braços devem estar cansados de erguer-me tantas vezes.*

Naqueles dias, parecia que eu tinha pequenos momentos de êxito no esforço de viver perto do Senhor, e então era levada de volta à terra rapidamente, com um fracasso enorme. Indagava a mim mesma se era esse o padrão geral da vida cristã. E, por não ter ninguém com quem conversar então, tinha de carregar essas perguntas em segredo.

Certa manhã, enquanto Nur-jan me fazia a toalete, um pássaro vermelho pousou na soleira da janela.

— Oh! — exclamei. — Veja o que o Senhor acaba de enviar-nos esta manhã!

Nur-jan continuou a escovar-me os cabelos em silêncio. Fiquei um pouco surpresa; Nur-jan geralmente era tão conversadora. Então ela observou com timidez:

— Begum Sheikh, a senhora sabe que quando começa a falar a respeito do Senhor sua aparência toda muda?

Nessa tarde, encomendei várias Bíblias na livraria da missão em Islamabad. Eram um tipo especial de Bíblias, próprias para crianças. Eu tinha descoberto a utilidade dessas Bíblias com Mamude. Descobri também que os criados andavam examinando o pequeno livro lindamente ilustrado. Quando as Bíblias chegaram, fiz questão de dar uma a Nur-jan. Imagine minha alegria quando certo dia ela veio falar comigo em particular.

— Begum Sahib — disse Nur-jan, seu rosto redondo cheio de emoção —, tenho algo a dizer-lhe. A senhora se lembra de como tantas vezes nos tem dito que, se quisermos conhecer esse Jesus, tudo o que temos de fazer é pedir que ele entre em nosso coração? — Com isso, esvaiu-se em lágrimas. — Bem, eu o fiz, Begum Sahib. E ele realmente entrou em meu coração. Jamais senti tanto amor em toda a minha vida!

Eu não podia acreditar em meus ouvidos. Lancei os braços em torno da garota, abraçando-a. Dançamos uma valsa à música do choro em torno do quarto.

— Que notícia incrível, Nur-jan! Agora somos três cristãs — você, Raisham e eu. Devemos celebrar!

Assim, Raisham, Nur-jan e eu tomamos chá juntas. Não era a primeira vez que eu tomava chá com pessoas da classe dos serviçais. Mas ainda sentia certa apreensão. Enquanto nós três cristãs, elegantemente, tomávamos nosso chá e mordiscávamos o bolo, conversando como velhas amigas, minha mente começou a divagar. O que tinha acontecido à mulher que se havia retirado para aquela propriedade com o fito de subtrair-se à sociedade afluente? Ali estava ela, sentada com as criadas. Que escândalo para minha família e meus amigos! Como isso daria o que falar a meus velhos amigos e familiares! Pensei no tempo em que costumava desabafar minhas frustrações com ordens duras e explosões de gênio. Se notasse um pouco de pó na perna de uma cadeira, se os criados falassem um pouco alto na cozinha, se atrasassem meu almoço um só instante, a criadagem toda podia estar certa de uma explosão. O Senhor tinha realmente trabalhado em mim, e eu sentia sua companhia com grande satisfação.

Não é que eu desejasse tornar-me santa. Mas estava começando a aprender que minha responsabilidade como representante de Jesus Cristo não me permitiria fazer nada que desonrasse seu nome. Ele também estava-me ensinando que as ações da pessoa falam mais alto do que as palavras quando se trata do testemunhar de Cristo.

Então notei uma coisa estranha em nossas reuniões noturnas. Nur-jan não se encontrava entre as dezenas de aldeões que agora se reuniam conosco em minha sala de visitas. Que estranho! Certo dia, depois de ela ter feito meu cabelo, pedi-lhe que ficasse por mais um instante. Será que ela, perguntei, não gostaria de se reunir conosco no domingo?

— Mas Begum — disse Nur-jan, espantada, o rosto empalidecendo —, simplesmente não posso falar a respeito do que aconteceu comigo, ou ir a uma reunião. Meu marido é muçulmano devoto. Temos quatro filhos. Se eu disser que me tornei cristã, ele simplesmente me abandonará.

— Mas você *tem* de declarar sua fé — insisti. — Não há outro jeito.

Nur-jan olhou para mim tristemente, então saiu do quarto sacudindo a cabeça e murmurando alguma coisa que mal pude compreender:

— Mas não pode ser feito.

Alguns dias depois, eu estava conversando com a reverenda madre Ruth, a quem também tinha conhecido no Hospital da Sagrada Família. Sempre gostei de conversar com ela. A reverenda madre mencionou que muitas pessoas no Paquistão eram cristãos em segredo.

— Cristãos secretos?! — exclamei. — Não consigo perceber como isso é possível. Se a pessoa é cristã deve gritar essa nova!

— Bem — disse madre Ruth —, olhe para Nicodemos.

— Nicodemos?

— Ele foi um cristão secreto. Verifique o capítulo 3 do evangelho de João.

Abri minha Bíblia ali mesmo e comecei a ler sobre como esse fariseu tinha ido a Jesus tarde da noite a fim de descobrir mais a respeito do Reino. Eu havia lido esse capítulo várias vezes, mas até então não havia compreendido que Nicodemos fora um cristão secreto.

— Talvez, em data posterior, Nicodemos tenha demonstrado sua crença — disse a irmã. — Mas, como mostram as Escrituras, ele teve cuidado de não deixar que seus companheiros fariseus percebessem.

No dia seguinte, chamei Nur-jan a meu quarto e li os versículos acerca de Nicodemos para ela.

— Sinto muito por tê-la colocado numa situação desconfortável — disse eu. — Com o tempo, o Senhor poderá mostrar-lhe como declarar sua fé. Nesse ínterim, simplesmente siga cuidadosamente sua liderança.

Seu rosto alegrou-se. Mais tarde, ouvi-a murmurando uma canção alegremente enquanto trabalhava. — *Espero ter feito a coisa certa, Senhor* — disse eu. — *Tenho de cuidar-me para que não me coloque em posição de julgamento contra ninguém.*

Alguns dias depois, descobri, com nova intensidade, quão difícil era tornar-se cristã nessa parte do mundo.

Certa tarde, o telefone tocou. Era um dos meus tios, um parente que tinha sido particularmente severo comigo. Embora o boicote da família tivesse começado a diminuir de intensidade, esse tio não tinha entrado em contato comigo, nem falado comigo. Sua voz ao telefone parecia dura.

— Bilquis?!

— Sim.

— Ouvi dizer que você está desviando outros. Você os está tirando da verdadeira fé.

— Bem, querido tio, isso é uma questão de opinião.

Podia imaginar o rosto do homem ficando vermelho de raiva, que transparecia em sua voz.

— Você tomar essa decisão para si mesma é uma coisa. Mas é outra bem diferente que outros a sigam. Você deve parar com isso, Bilquis.

— Tio, sua preocupação me sensibiliza, mas devo lembrar-lhe que deve dirigir sua vida, e eu, a minha.

Logo no dia seguinte, quando meu novo chofer levava-me de volta a casa depois de uma visita a Tooni, um homem no meio da estrada tentou parar o carro. O chofer sabia que eu costumava dar caronas. Mas dessa vez ele não quis parar.

— Por favor, não peça que eu pare, Begum — disse ele com determinação na voz. Deu uma guinada, desviando-se do homem; os pneus cantaram à beira da rodovia.

— O que você quer dizer? — Inclinei-me para a frente. — Você acha que aquele homem estava tentando...

151

— Begum...
— Sim?
— Begum, é só que... — o homem recolheu-se ao silêncio e, a despeito de todas as minhas perguntas, não consegui mais nenhuma informação dele.

Nem bem havia passado uma semana quando outra de minhas criadas entrou em meu quarto, logo depois de eu ter-me retirado para o descanso da tarde.

Fechou a porta atrás de si.

— Espero que a senhora não se incomode — disse ela sussurrando. — Mas eu tenho de adverti-la. Meu irmão esteve na mesquita de Rawalpindi ontem. Um grupo de jovens começou a falar a respeito do dano que a senhora está causando. Continuaram dizendo que era preciso fazer algo; logo. Algo que a fizesse calar.

A voz da criada tremia.

— Oh, Begum Sahib — disse ela —, a senhora precisa ser tão aberta? Tememos por sua vida e pelo menino.

Meu coração deu um salto. Agora era minha vez de indagar se não teria sido melhor permanecer uma cristã secreta nessa terra, ainda mais nessa família onde Jesus era anátema.

Capítulo 13

Avisos de Tempestade

Passaram-se dois meses desde o relato de ameaças contra mim. A coisa mais ameaçadora que me aconteceu foram os olhares hostis de alguns jovens; comecei a cogitar se os alarmes não eram infundados.

Era Natal novamente, alguns anos depois de eu ter encontrado o bebê de Belém. Embora alguns membros da família tivessem vindo visitar-me, o telefonema de advertência do meu tio lembrava-me que o relacionamento da família ainda era forçado, e senti ser uma boa ideia dar uma ceia para meus parentes e amigos a fim de ver se podíamos fazer algo para pôr fim à separação.

De modo que gastei bastante tempo fazendo a lista de convidados. Certa noite, antes de ir para a cama, coloquei a lista dentro da Bíblia com a intenção de mandar os convites na manhã seguinte.

Isso jamais seria realizado.

Ao abrir a Bíblia na manhã seguinte a fim de tirar a lista, meus olhos caíram numa passagem que dizia:

> Quando deres um jantar ou uma ceia, não convides os teus amigos, nem teus irmãos, nem teus parentes, nem vizinhos ricos;

para não suceder que eles, por sua vez, te convidem e sejas recompensado. Antes, ao dares um banquete, convida os pobres, os aleijados, os coxos e os cegos; e serás bem-aventurado, pelo fato de não terem eles com que recompensar-te; a tua recompensa, porém, tu a receberás na ressurreição dos justos.

Lucas 14.12-14

— *Senhor, é esta tua mensagem para mim?* — indaguei, segurando a Bíblia em uma mão e a lista de convidados na outra. Era certo que a maioria de meus parentes, vizinhos e amigos era gente rica. Tinha dito a mim mesma que essa era uma oportunidade de fazer que muçulmanos e cristãos se unissem, mas na realidade percebi que o orgulho se tinha intrometido. Eu queria mostrar a minha família que ainda tinha amigos na classe rica.

Amassei a lista.

Fiz exatamente o que a Bíblia mandava. Preparei uma lista de viúvas, órfãos, pessoas desempregadas e pobres da aldeia e convidei-os, inclusive os mendigos, para a ceia de Natal. Alguns convites eu mesma entreguei, outros dei para meus criados entregarem. Notícia como essa viaja rápido. Logo meus criados vieram dizer que a vila inteira planejava comparecer à festa. Por um momento, fiquei preocupada. Toda aquela *gente*. Pensei nos tapetes persas fabricados à mão que havia encomendado recentemente para a sala de estar. Ora, concluí, eu poderia retirá-los nesse dia.

Assim começamos os preparativos. O entusiasmo de Mamude, que agora tinha 8 anos de idade, era contagioso. Ajudava-me a escolher presentes para as pessoas que viriam. Para os meninos, escolhemos camisas de lã; para as meninas, vestidos de cores brilhantes; peças de pano vermelho, rosa e púrpura para as mulheres; pantalonas quentes para os homens; panos de embrulhar e sapatos para as crianças.

Meus criados e eu gastamos horas embrulhando os presentes e amarrando-os com fitas prateadas.

Certo dia, bateram à porta. Era um grupo de mulheres de Wah. Queriam ajudar.

— Não é para ganhar dinheiro, Begum — disse a representante do grupo. — Simplesmente, queremos ajudá-la a preparar o jantar.

Subitamente, a celebração havia-se tornado um programa da comunidade. Para a decoração, pedi a uma família de oleiros que fizesse lâmpadas — pequenas lâmpadas de barro ainda muito usadas naquela parte do Paquistão. Encomendei 500. Mandei as mulheres entrar e levei-as à sala onde estávamos fazendo pavios de chumaços de algodão. Enquanto trabalhávamos, surgiu a oportunidade de falar de Cristo. Ao colocarmos as lâmpadas nos lugares, por exemplo, contei-lhes a parábola das virgens insensatas e das virgens prudentes.

O alimento foi outro projeto excitante. De novo, as aldeãs ajudaram-me a preparar doces tipicamente paquistanenses, amêndoas partidas e as deliciosas castanhas do Paquistão. Elas transformavam o papel prateado em tiras tão finas que podíamos decorar com ele vários tipos de doces.

Os aldeões começaram a chegar a casa no dia 24 de dezembro e continuaram vindo para o que se transformou num festival de uma semana. Que lindas eram as lâmpadas em cada canto da casa e ao longo dos guarda-mãos, balaustradas e soleiras das janelas! Mamude divertiu-se muito brincando com as crianças da vila. Nunca tinha visto os olhos dessas crianças brilharem tanto, nem os de Mamude. Risos e gritinhos enchiam a casa. De vez em quando, Mamude vinha pedir alguma coisa.

— Mamãe — dizia ele —, há mais cinco meninos lá fora; será que eles podem entrar?

— É claro — eu ria, acariciando-lhe a cabeça, certa de haver mais crianças em nossa casa nesse instante do que existiam em toda a vila de Wah. Quando disse aos aldeões que Jesus nos havia instruído a tratar uns aos outros dessa maneira, a reação foi:

— Ele *realmente* andou com gente como nós?

— Sim — disse eu —, e hoje o que fazemos para ele fazemos pelos outros.

Finalmente, quando as festividades acabaram e pude deixar-me cair numa cadeira sem a preocupação de estar sentando numa criança adormecida, suspirei de contentamento, elevando o pensamento a Deus. — *É isso o que o Senhor queria que eu fizesse?* — E pareceu-me ouvir a resposta suave: — *Sim.* — Então me dei conta de que tinha esquecido de retirar os novos tapetes persas. Entretanto, nem pareciam ter sido usados.

Muitos dos pobres jamais se esqueceram daquela festa. Cerca de um mês depois uma criada contou-me de um funeral em Wah. A esposa do mulá local reclamava em voz alta que eu tinha errado em perder a fé. Alguém, entretanto, respondeu:

— A senhora viu Begum Sahib ultimamente? A senhora fez algumas das coisas que ela tem feito desde que se tornou cristã? Se deseja aprender alguma coisa a respeito de Deus, por que não vai visitá-la?

Contudo havia outro lado para a experiência também. Descobri que existiam forças em Wah que não viam a festa com bons olhos.

— Begum Sahib — um velho empregado que trabalhava no jardim parou-me certo dia. Levando a mão à testa disse: — Tem um minuto, por favor?

— É claro.

— Begum Sahib, andam dizendo coisas na vila e acho que a senhora deve tomar conhecimento delas. Falam que a senhora se tornou um problema. E há os que dizem que devem fazer algo a respeito.

— *A meu respeito?* — disse eu. — Não compreendo.

— Nem eu, Begum Sahib. Mas achei que deveria informá-la...

Comecei a receber advertências como esta, ora quase seguidas, ora com intervalo de meses, mas com regularidade crescente no ano seguinte. Era como se a Pai estivesse tentando preparar-me para uma época de dificuldade vindoura.

Certo dia, por exemplo, três meninos da vila foram à nossa casa. Mais tarde, indagava-me a mim mesma se não eram mensageiros de Deus, disfarçados de crianças. Mamude veio procurar-me para dar-me notícias dos meninos. Ele tremia, e seus olhos estavam cheios de medo.

— Mamãe, a senhora sabe o que os meus amigos disseram? Disseram que na vila as pessoas estão planejando matá-la. Pretendem fazer isso depois das orações de sexta-feira. — Ele começou a soluçar. — Se a senhora morrer, eu também morrerei!

Que devia fazer? Peguei Mamude nos braços, acariciei-lhe o cabelo negro e despenteado, tentando confortá-lo.

— Minha querida criança — disse eu —, vou contar-lhe uma história. — E contei-lhe de novo a história do primeiro sermão de Jesus em Nazaré, onde a multidão ficou tão furiosa que decidiu matá-lo a pedradas. — Mamude — disse eu —, Jesus passou por meio deles. Não havia nada que alguém pudesse fazer para ferir Jesus, a menos que o Pai o permitisse. A mesma coisa é verdade a respeito de você e de mim. Temos a perfeita proteção de Deus. Você acredita nisso?

— A senhora quer dizer que nunca seremos feridos nem magoados?

— Não, não é isso que quero dizer. Jesus foi ferido. Mas somente quando o tempo de seu sofrimento havia chegado. Não precisamos levar uma vida de constante temor de que algo terrível está para acontecer a nós. Nada poderá acontecer até que chegue nossa hora. E talvez essa hora nunca venha. Simplesmente, teremos de esperar para ver. Mas, nesse ínterim, podemos viver confiadamente. Você compreende? — Mamude olhou para mim; seus olhos castanhos escuros suavizaram-se. Subitamente, sorriu, deu meia-volta e saiu correndo para fora, gritando alegremente. Era a melhor resposta à minha pergunta que ele poderia ter dado.

Gostaria de poder dizer que eu própria sentia essa confiança. Não que eu não cresse no que tinha dito a Mamude, mas minha fé ainda não era como a das crianças. Levantei-me e levei a Bíblia para o jardim. Meu coração não estava exatamente leve. Que ousadia a deles tentar expulsar-me de minha terra!

O clima outonal era seco e revigorante, e, andando lentamente ao longo do caminho encascalhado, podia ouvir ruídos de peixes pulando no pequeno riacho e cantos de pássaros ao longe. Crisântemos e outras flores, resquícios do verão, reanimavam o caminho. Sorvi o ar agradável e leve. Essa era minha terra, meu povo, meu país. Minha família havia servido bem por setecentos anos. Esse era meu lar, e eu não podia deixá-lo, e *não* o deixaria!

Entretanto, acontecimentos totalmente fora de meu controle estavam sendo preparados, acontecimentos que não prometiam bons resultados à minha determinação teimosa de permanecer em meu lar.

Em dezembro de 1970, quatro anos depois de minha conversão, houve eleições no Paquistão e parecia que o Partido do Povo levaria a melhor. Isso não eram exatamente boas-novas para mim. Nenhum de meus amigos influentes pertencia a esse partido. "Islamismo é nossa fé; democracia, nossa política; socialismo, nossa economia" era o *slogan* do novo partido. Um *slogan* dirigido ao homem da rua. Sei que o paquistanense comum sentia um sentimento novo de poder. Isso era bom para mim? Provavelmente, fosse bom para a nova Bilquis, mas também havia nisso um perigo intrínseco, pois nada inspira mais o zelo do fanático do que a crença de que seu governo o apoiará em suas proezas. Minha antiga reputação certamente não era a de democrata, e o socialismo não se encaixava nas tradições centenárias de nossa família. Islamismo? Bem, agora eu era "traidora".

Segui os acontecimentos a alguma distância. Certo dia, entretanto, um velho amigo de meu pai, que pertencia ao governo, chegou de Sardar. Apesar do desespero que sentia por causa de minha nova fé, tinha tentado permanecer meu amigo chegado. De tempos em tempos, ele telefonava ou vinha visitar-me, só para certificar-se de que tudo corria bem.

Sentado no divã com capa de seda de nossa sala de visitas, tomava chá comigo.

— Bilquis — disse ele, a voz baixa —, você tem consciência do que está acontecendo e de como esses acontecimentos poderiam afetá-la?

— Você está falando do Partido do Povo paquistanense?

— Eles ganharam a eleição, é claro. O que você sabe de Zulfikar Ali Bhutto?

— Conheci-o bem — disse eu.

— Você não lê jornais? Não ouve rádio?

— Não, você sabe que não tenho tempo para isso.

— Bem, aconselho-a a tomar tempo. A situação do governo mudou. Duvido que você possa contar com Bhutto como contou com os presidentes anteriores — acrescentou ele. — Querida, você perdeu toda a influência que tinha nos altos círculos. Essa era já passou.

Meia hora depois, após despedir-me de meu velho amigo, voltar e chamar a criada para fazer a limpeza, percebi que uma coisa estranha havia acontecido enquanto conversava com meu amigo. Era como se ele tivesse falado pelo Senhor, preparando-me para o fato de que meus amigos protetores e influentes não mais existiam, levando-me a um passo mais para a dependência total do Senhor.

Não passou muito tempo até eu começar a perceber crescente hostilidade. Vi-a nos olhos dos homens quando andava por Wah. Jamais me esquecerei da mudança de atitude de um oficial com quem discutia impostos sobre a propriedade. No passado, ele havia sido um homem servil, que se inclinava e levava a mão à testa. Agora o indivíduo estava abertamente hostil. Essa hostilidade era evidente nos comentários incisivos e na maneira desdenhosa com que bateu com os formulários na mesa à minha frente.

Mais tarde, enquanto passeava pela estrada que rodeava minha casa, vi um homem que geralmente se desviava do seu caminho a fim de falar comigo. Mas naquele momento percebi algo totalmente diferente. Percebeu-me e, rapidamente, voltou a cabeça e começou a estudar o horizonte enquanto eu passava. Interiormente, sorri à socapa e disse: — *Senhor, todos nós agimos como crianças!*

É interessante, mas o novo governo não parecia ter nenhum efeito sobre meus criados. A não ser por Nur-jan, que ainda desfrutava quietamente de seu novo caminhar com Jesus, e Raisham, minha outra criada cristã, meu quadro inteiro de empregados era de seguidores fiéis de Maomé. Entretanto, existia entre nós verdadeira afeição. Mais de uma vez, meus criados muçulmanos vieram a meu quarto a fim de implorar:

— Por favor, Begum Sahib Gi — diziam em voz baixa —, se a senhora tiver de partir... ou se decidir partir... não se preocupe conosco. Encontraremos trabalho.

Que relacionamento diferente tinha eu agora com os criados em comparação com o relacionamento de quatro anos atrás!

Os sonhos, também, tiveram papel admirável em minha vida nessa época. Os sonhos tinham feito parte de minha experiência cristã desde o dia em que encontrei Jesus pela primeira vez, o qual veio em um sonho cear comigo. Agora essas experiências estranhas e místicas, como Paulo disse ter experimentado, tinham-se tornado ainda mais frequentes.

Certa noite, encontrei-me tomada pelo Espírito atravessando o oceano em velocidade terrível. Com a velocidade da luz, cheguei ao que pensava ser a Nova Inglaterra, nos Estados Unidos, embora nunca tivesse estado lá. Estava à frente de uma casa, ou era um asilo para velhos? Flutuei para um quarto com camas duplas. Numa cama, jazia uma mulher de meia-idade, rosto redondo, olhos azul-claros e uma mistura de cabelo curto grisalho e branco. Uma colcha branca de algodão em padrões triangulares cobria a cama. Obviamente, ela estava muito mal; percebi que tinha câncer. Numa cadeira ao lado, uma enfermeira lia. Então vi o Senhor no canto do quarto. Ajoelhei-me perante ele e perguntei-lhe o que devia fazer.

— *Ore por ela* — disse ele. De modo que fui até a cama da mulher e orei fervorosamente por sua cura.

Na manhã seguinte, deixei-me ficar à janela, ainda espantada pelo que tinha acontecido naquele quarto do outro lado do mar. Por que Jesus tinha pedido que eu orasse pela mulher? Ele estava lá. Entretanto, pediu-me que orasse por ela. Estava principiando a ter um vislumbre de uma revelação tremenda. Nossas orações são vitais ao Senhor. Ele opera por meio delas. Fui levada ao capítulo 5 de Tiago: "E a oração da fé salvará o enfermo, e o Senhor o levantará; e, se houver cometido pecados, ser-lhe-ão perdoados [...] Muito pode, por sua eficácia, a súplica do justo [...]".

Nossa oração, pois, liberta esse poder para a pessoa por quem suplicamos.

Outra vez, tive uma visão de estar embarcando num navio. A prancha de embarque levava a um quarto. Cristo estava de pé nesse quarto. Ele parecia estar-me dando instruções. Então desci a prancha. Ao pé dela, uma senhora, vestida com roupas ocidentais, saia e blusa, esperava por mim. Aproximando-se, ofereceu-me o braço, e saímos.

— *Aonde estamos indo, Senhor?* — perguntei por sobre o ombro. Mas ele não queria dizer-me.

O sonho parecia indicar que eu iria sair de viagem. Embora dessa vez eu estivesse indo a um destino desconhecido, ainda assim Jesus estaria protegendo a viagem. O sonho deixou-me em um estado de prontidão, de modo que não fiquei espantada com as notícias trazidas por um velho amigo.

Em março de 1971, alguns meses depois de Bhutto ter tomado o poder, recebi uma visita de Yaqub, um amigo que trabalhava para o governo. Ele tinha sido íntimo de nossa família por anos. De fato, quando meu marido era ministro, houve uma época em que o Paquistão esteve em declínio econômico com um sério desequilíbrio gerado pelas importações. Yaqub e eu tínhamos ajudado a inaugurar um programa que veio a ser chamado de *Plano do Viver Simples*. A ideia básica era encorajar as indústrias paquistanenses a produzir nossos próprios bens, diminuindo a necessidade de importação.

Fomos por todo o país estimulando pequenas fábricas e tentando dar início a pequenas indústrias. Encorajamos as tecelagens locais e a produção de tecido. Nós mesmos tínhamos voluntariamente entrado num programa de austeridade, usando vestes tecidas em casa. Tudo correu bem, pois o *Plano do Viver Simples* foi um grande sucesso. À medida que as fábricas locais progrediam, a condição econômica do Paquistão melhorava. Desde então, Yaqub visitava-me ocasionalmente a fim de discutir política e a situação mundial. Ele sabia das posses de nossa família, pois tinha visitado as muitas propriedades que tínhamos por todo o Paquistão, e sabia que a maior parte de nossa renda provinha de empreendimentos imobiliários.

— Bilquis — disse ele, em tom de desculpa —, tenho conversado com amigos e... ah, o assunto de sua situação financeira foi trazida à baila. Você já pensou em vender um pouco de suas terras? Acho não ser seguro ter todas as suas rendas investidas em propriedades; Bhutto está prometendo a reforma agrária.

Era muita consideração de Yaqub dizer-me tal coisa. E não sem risco. Com a hostilidade crescente para com a classe governante de ontem, o carro do governo que ele usava à porta de minha casa podia facilmente trazer-lhe complicações.

— Obrigada, Yaqub — disse eu, tentando controlar minha voz. — Mas como as coisas estão agora, estou decidida. Nada — nada de modo algum me forçará a mudar!

Eu estava dizendo uma coisa infantil, é claro. A velha Bilquis com sua maneira imperiosa e teimosa estava aparecendo. Entretanto, era uma atitude que não surpreendeu meu amigo de modo algum.

— Eu já esperava por essa resposta, Bilquis — disse Yaqub, alisando o bigode e sorrindo. — Ainda assim, pode chegar o dia em que você deseje sair do Paquistão. Se precisar de ajuda...

— Se esse dia chegar, meu bom amigo, certamente me lembrarei da sua oferta.

Outro sonho: dessa vez, de Raisham, geralmente tão reservada.

— Oh, Begum Sheikh — exclamou minha criada, ajoelhando-se ao pé do divã no qual eu estivera sentada naquela noite fria em que me encontrei com o Senhor. — Tive um sonho horrível! Posso contá-lo à senhora?

— É claro.

Escutei com atenção. Raisham contou-me que no seu sonho alguns homens maus haviam entrado na casa e me haviam feito prisioneira.

— Lutei com eles — exclamou ela. — Gritei: "Begum, corra!". E no sonho vi-a correr para fora da casa e fugir.

Os olhos castanho-escuros de Raisham estavam úmidos de lágrimas. Era eu quem tinha de confortá-la. Mas para mim isso não era difícil. Nas palavras que disse, descobri conselhos a que eu mesma devia prestar atenção.

— Minha querida — disse eu —, o Senhor tem-me falado muito ultimamente a respeito da possibilidade de eu ter de fugir. E isso pode acontecer. A princípio, recusei-me a crer. Mas agora estou começando a duvidar.

— É possível — disse eu, levantando-lhe o queixo pálido e sorrindo — que eu precise partir. Mas, se tiver de ir, será no tempo do Senhor. Estou aprendendo a aceitar isso. Você acredita em mim?

A pequena criada ficou em silêncio. Então disse:

— Que maneira maravilhosa de viver, Begum Sahib.

— É, deveras. É a única maneira. Nada mais está sob meu controle.

Embora eu realmente acreditasse em tudo o que dissera, enquanto a criada saía do quarto, descobri que não controlava minhas emoções tão bem como parecia. Fugir? Correr? Eu?

A série de mensagens tipo "experiências" começou a suceder mais rapidamente no outono de 1971. Certo dia, Nur-jan veio a mim esbaforida e tensa de emoção.

— O que é, Nur-jan? — disse eu, enquanto ela começava a escovar-me o cabelo, com as mãos tremendo.

— Oh, Begum Sahib — soluçou Nur-jan —, eu não quero que a senhora seja ferida.

— Ferida por quê?

Nur-jan enxugou os olhos. Contou-me que seu irmão, seu próprio irmão, tinha ido à mesquita no dia anterior e escutado um grupo de homens dizendo que finalmente havia chegado a hora de fazerem alguma coisa contra mim.

— Você tem alguma ideia do que eles planejavam?

— Não, Begum Sahib — disse Nur-jan. — Mas estou com medo. Não somente pela senhora, mas também pelo menino.

— Uma criança de 9 anos de idade? Eles não se atreveriam...

— Begum Sahib, este já não é o país que foi cinco anos atrás — disse Nur-jan seriamente, tão diferente de sua natureza geralmente borbulhante. — Por favor, tenha cuidado.

E, na verdade, algumas semanas mais tarde algo aconteceu.

Tinha sido um dia tão lindo! O outono estava no ar. A monção havia passado, e o tempo era fresco e seco. Nada tinha acontecido por vários dias, e comecei a pensar que afinal de contas estávamos vivendo numa idade moderna. Era 1971, não 1571. As guerras santas eram coisa do passado.

Subi ao quarto para meu período de oração.

Subitamente, sem saber por que, senti um impulso fortíssimo de pegar Mamude e correr para fora de casa!

Que coisa tola! Mas o impulso era tão definido que corri pelo corredor, acordei Mamude e, sem explicar nada, empurrei a criança ainda meio adormecida e protestando corredor abaixo. Ainda sentindo-me ridícula, desci correndo as escadas, abri as portas e corri para fora.

No instante em que cheguei ao terraço, senti o cheiro acre de fumaça. Alguém devia estar queimando galhos de pinheiro. Tínhamos uma regra que vinha de longa data de que ninguém tinha permissão para queimar lixo em minha propriedade. Fui à procura do jardineiro e, ao rodear a casa, estaquei horrorizada.

Empilhado contra a casa, estava um monte de galhos secos de pinheiro, em chamas. A labareda crepitante subia rapidamente pelo lado do edifício.

Gritei. Os criados vieram correndo. Logo alguns corriam ao riacho com baldes e traziam-nos cheios d'água. Outros desenrolaram a mangueira do jardim e jogavam água nas chamas; mas a pressão da água era pouca. Por uns instantes, parecia que o fogo ia pegar na madeira saliente sob o telhado, que começava a soltar fumaça. Não havia jeito de jogar água àquela altura. A única maneira pela qual podíamos evitar que a casa se queimasse era apagar as próprias chamas.

Corremos contra o tempo. Os dez criados formaram uma fileira até o riacho e começaram a passar baldes d'água de uma pessoa para outra, entornando-o, às vezes, com a pressa.

Todo mundo trabalhou arduamente por meia hora. Finalmente, dominamos as chamas. Estávamos de pé, em círculo ao redor do fogo, suados e tremendo. Alguns minutos mais, e a casa teria pegado fogo, sem possibilidade de salvamento.

Percebi os olhos de Nur-jan. Ela estremeceu de leve e assentiu com a cabeça.

Eu sabia exatamente o que ela estava pensando. A ameaça havia sido cumprida. Olhei para as traves de madeira com as pontas negras de carvão, para as manchas de fuligem nas paredes brancas da casa. Agradeci ao Senhor nada mais ter acontecido e tremi ao pensar no que poderia ter ocorrido se eu não tivesse sido levada para fora a tempo.

Uma hora depois, após a polícia ter vindo investigar, tomar notas, interrogar a mim e aos criados, estava eu de novo sentada em meu quarto. Apanhei a Bíblia para ver se o Senhor tinha alguma coisa especial para dizer-me.

Um versículo parecia saltar da página: "Apressa-te, refugia-te nela; pois nada posso fazer, enquanto não tiveres chegado lá" (Gênesis 12.22).

Abaixei o livro e, olhando para cima, disse:

— *Tudo o que o Senhor precisa fazer agora é mostrar-me a maneira pela qual o Senhor deseja que eu parta. Será fácil ou será difícil? E, acima de tudo, Senhor* — disse eu, dessa vez as lágrimas enchendo-me os olhos —, *e o menino? Ele pode vir também? O Senhor tem-me tirado tudo. Isso também inclui a criança?*

Certo dia, seis meses mais tarde, em março de 1972, o Senhor falou comigo de novo mediante outro sonho. Raisham veio a mim com os olhos transbordando preocupação.

— Begum Sahib — disse Raisham —, o cofre de dinheiro é seguro?

Ela se referia ao cofre portátil em que eu guardava o dinheiro de casa.

— É claro que é seguro — respondi. — Por quê?

— Bem — Raisham explicou, obviamente tentando controlar a voz —, tive um sonho na noite passada no qual a senhora ia de carro em uma viagem longa. Levava o cofre.

— Sim? — disse eu. Isso não era coisa incomum, pois muitas vezes levava o cofre comigo nas viagens.

— Mas o sonho era tão *real* — insistiu Raisham. — E a parte triste é que, enquanto a senhora viajava, algumas pessoas tentaram roubar o cofre.

Ela tremia, e, uma vez mais, tive de confortá-la assegurando-lhe que a perda do dinheiro me levaria para uma dependência ainda mais íntima de Deus. Depois de ela ter voltado ao trabalho, fiquei pensando no sonho. Seria profético? Estaria ele dizendo-me que minhas finanças seriam tiradas? Estaria eu em breve completamente desprovida de recursos correndo para o desconhecido sem apoio financeiro?

Esses foram dias espantosos. Dois meses depois, num dia quente de julho de 1972, um criado veio anunciar a chegada de meu filho Khalid.

— Khalid? — meu filho ainda morava em Lahore. Por que fazer uma viagem especial, particularmente nesse calor intenso? O que era tão importante que não podia ser tratado pelo telefone?

Khalid esperava-me na sala de visitas.

— Filho! — exclamei ao entrar. — É tão bom vê-lo de novo! Mas por que não me telefonou?

Khalid veio até a mim e beijou-me. Fechou a porta da sala e, sem preâmbulos, lançou-se ao propósito de sua visita.

— Mamãe, ouvi um rumor horrível. — Parou. Tentei sorrir. Khalid abaixou o tom de voz e continuou:

— Mamãe, o governo vai desapropriar muita propriedade privada.

Minha mente voltou-se à visita do meu amigo que trabalhava para o governo e que havia dito a mesma coisa, cerca de um ano atrás, em março de 1971. Será que sua visita profética estava agora cumprindo-se? Khalid contou-me que Bhutto estava começando suas reformas agrárias e que era muito provável que minhas propriedades estivessem entre as primeiras a ser nacionalizadas.

— O que você acha que devo fazer? — perguntei. — Será que tomarão tudo ou somente uma parte?

Khalid levantou-se e foi até a janela do jardim, em pensamentos profundos. Voltando-se para mim, disse:

— Bem, mamãe, ninguém sabe. Talvez fosse melhor vender *um pouco* de suas propriedades em porções pequenas. Dessa forma, o novo proprietário estaria protegido contra a apropriação do governo.

Quanto mais pensava a esse respeito, mais sentia que a sugestão de Khalid fazia sentido. Fomos discutir a questão com Tooni, e todos concordamos ser essa a maneira correta de proceder. Ficou então decidido. Khalid voltaria a Lahore e nos encontraríamos com ele lá a fim de dar andamento aos papéis.

Foi assim que, numa manhã quente de julho de 1972, Tooni, Mamude e eu estávamos quase prontos para a viagem a Lahore a fim de ver corretores para tratar da venda de minhas propriedades. Ao sair da casa, a beleza do jardim atingiu-me. As flores de verão estavam em sua maior beleza, e até as fontes pareciam borbulhar mais alto que de costume.

— Estaremos de volta em algumas semanas — disse eu aos criados reunidos nos degraus da frente da casa. Todo mundo parecia aceitar essa ideia. Todo mundo, isto é, menos Nur-jan e Raisham. Nur-jan subitamente explodiu em lágrimas e saiu correndo.

Tristemente, subi ao meu quarto a fim de apanhar alguma coisa que tinha esquecido. Ao voltar de novo para o *hall* a fim de descer, Raisham estava de pé à minha frente. Tomou minha mão, com os olhos molhados de lágrimas.

— Deus vá com a senhora, Begum Sahib — disse ela suavemente.

— E ele contigo — respondi.

Raisham e eu ficamos paradas no *hall* em silêncio, nada dizendo, mas compreendendo tudo. De alguma forma, percebi que eu não mais veria essa pessoa alta e esbelta de novo — ela, com quem me tornara tão íntima. Apertei-lhe a mão e sussurrei:

— Não há ninguém que possa pentear meu cabelo como você.

Raisham levou as mãos ao rosto e saiu correndo. Estava a ponto de fechar a porta do quarto quando algo me deteve. Entrei de novo no quarto e fiquei parada em pé. Um silêncio pairava sobre o quarto mobiliado de branco. O sol matinal entrava pela janela do jardim. Fora ali que me encontrara com o Senhor.

Dei as costas para o quarto e para meu precioso jardim, onde tantas vezes havia sentido a presença do Senhor; saí da casa e caminhei em direção ao carro.

Existiam pessoas em Lahore a quem ficaria extremamente feliz em rever. Primeiro, é claro, Khalid, sua esposa e a filha adolescente. Também havia a possibilidade de ver os Old. Eu tinha escrito que iria a Lahore. Sua nova missão ficava numa vila a alguma distância da cidade, mas esperava ver esses velhos e queridos amigos.

Lahore, como de costume em julho, estava terrivelmente quente; das ruas subia o vapor da chuva da última monção. Ao passarmos pelas ruas movimentadas do centro da cidade, um alto-falante, num minarete acima de nós, irradiava a voz metálica da oração do meio-dia de um muezim. O trânsito subitamente diminuiu enquanto os carros e caminhões procuravam estacionamento. Os motoristas desciam para a calçada, estendiam seus tapetes de oração e começavam a se prostrar.

Tooni só pôde ficar conosco por pouco tempo em virtude de obrigações anteriores. Depois de arrumarmos os papéis necessários e de termos uma conversa curta, Khalid levou-nos à estação ferroviária para que Tooni pegasse o trem. Na estação, tivemos um instante de pungência, um período mais triste do que eu poderia compreender. Segundo planejado, Mamude veria sua mãe de novo em alguns dias. Entretanto, todos nós percebemos algo inusitado nessa despedida. Mamude, com quase 10 anos de idade, tentava conter as lágrimas ao beijar a mãe. Tooni chorava abertamente enquanto abraçava o filho. De repente, eu também estava chorando, e os três nos abraçamos na plataforma de embarque.

Finalmente, Tooni jogou o cabelo castanho-escuro para trás e sorriu:

— Ora, animemo-nos, isto não é um funeral.

Sorri e beijei-a de novo. Mamude e eu a seguimos com os olhos enquanto embarcava no trem. O trem apitou, e os vagões começaram lentamente a sair da estação; uma dor profunda invadiu-me o coração. Procurei o rosto de Tooni na janela. Localizei-a. Mamude e eu jogamos-lhe beijos.

Avidamente, fixei o rosto de Tooni na mente, gravando-o na memória.

O dia seguinte, gastei-o com corretores de imóveis que me preveniram de que a venda de minhas propriedades levaria várias semanas. Khalid assegurou-nos que seríamos bem-vindos por todo o tempo que quiséssemos permanecer em sua casa.

A única coisa que me perturbava é que não teria comunhão espiritual. Agora sabia por que os discípulos saíram em duplas. Os cristãos *precisam* uns dos outros para apoio e conselho.

Telefonei para os Old. Que bom foi ouvir de novo a voz de Marie! Rimos, choramos e oramos ao telefone. Embora tivessem uma agenda muito ocupada que os impedia de vir a Lahore, é claro que podiam colocar-me em contato com cristãos na cidade. Marie mencionou especialmente a esposa de um professor universitário, Peggy Scholorholtz.

Estranho! Por que meu coração bateu mais rápido ao som desse nome?

Dentro de minutos, Peggy e eu estávamos conversando ao telefone. Dentro de horas, ela estava na sala de visitas de Khalid. Ao ver-me, seu rosto transformou-se em sorriso.

— Diga-me, Begum Sheikh — disse ela —, é verdade que você encontrou Jesus pela primeira vez em um sonho? Como é que veio a conhecer o Senhor?

Ali, na sala de visitas, contei a Peggy minha história toda, justamente como tinha começado seis anos atrás. Peggy ouviu com toda atenção. Ao terminar, ela pegou minha mão e disse a coisa mais espantosa.

— Gostaria que você fosse aos Estados Unidos comigo!

Olhei para ela, estonteada. Mas de novo meu coração disparava.

— Estou falando sério — disse Peggy. — Parto em breve a fim de colocar meu filho na escola. Ficarei nos Estados Unidos por quatro meses. Você poderia viajar comigo e falar a nossas igrejas lá!

Ela estava tão entusiasmada que eu não quis arrefecer-lhe o ânimo.

— Bem — disse eu sorrindo —, agradeço muito seu convite. Mas deixe-me orar a esse respeito.

Na manhã seguinte, uma criada entregou-me um bilhete. Li-o e dei uma risada. Era de Peggy. Dizia: "Você já orou?". Sorri, amassei o bilhete e não fiz nada. Era um absurdo até mesmo pensar a respeito disso.

A menos que... Subitamente, os acontecimentos dos dois anos passados vieram-me à mente numa onda enorme. Os sonhos. As advertências. O incêndio. Minha decisão de fazer o que quer que o Senhor desejasse — ainda que significasse deixar minha terra natal.

Não, não tinha realmente submetido a pergunta de Peggy ao Senhor. Mas agora o fiz. Coloquei a viagem em suas mãos. Era difícil, porque uma parte de mim, que eu não compreendia, sabia que, se eu partisse, não seria só por quatro meses, mas para sempre.

— Senhor, direi uma vez mais. Tu sabes quanto desejo permanecer em minha terra. Afinal, tenho 52 anos de idade, e essa não é uma boa idade para começar tudo de novo.

— Mas — suspirei —, mas... essa não é a coisa mais importante, não é? Tudo o que realmente importa é permanecer em tua presença. Por favor, ajuda-me, Senhor, a jamais tomar uma decisão que me venha afastar de tua glória.

Capítulo 14

A Fuga

Estranho! Depois de o Senhor mudar meu modo de pensar quanto a deixar o Paquistão, surgiram empecilhos repentinos.

Um, por exemplo, que parecia intransponível era uma lei que dizia que os cidadãos paquistanenses só poderiam tirar 500 dólares do país. Como meu dependente, Mamude podia levar 250 dólares. Como é que Mamude e eu poderíamos passar quatro meses com 750 dólares? Só esse fato parecia suficiente para que não considerássemos o convite de Peggy.

Alguns dias depois, Peggy convidou-me a visitá-la em sua casa. Enquanto conversávamos, o nome do dr. Christy Wilson foi mencionado. Ela também o conhecia. Eu estava bastante preocupada com ele, pois tinha ouvido dizer que havia sido expulso do Afeganistão pelo governo muçulmano que então havia destruído a igreja para os estrangeiros que ele construíra em Cabul.

— Você tem alguma ideia de onde ele está? — perguntei.

— Não tenho a mínima ideia — disse Peggy.

Nesse instante, o telefone tocou. Peggy foi atender. Voltou com os olhos esbugalhados:

— Sabe quem era? — perguntou ela. — Era *Christy Wilson!*

Superado o espanto que esse fato ocasionou, começamos a indagar de nós mesmas se isso não era mais do que "coincidência". O dr. Wilson, disse Peggy, ia justamente passar por Lahore. Desejava fazer-lhe uma visita. É claro que fiquei contente, porque sempre era bom ficar a par das notícias, mas eu tinha um sentimento intuitivo de que ia ocorrer mais do que uma conversa casual.

Tivemos uma reunião maravilhosa na casa de Peggy no dia seguinte. Contei ao dr. Wilson os últimos acontecimentos em Wah e em minha própria vida. Então Peggy mencionou que estava tentando persuadir-me a ir aos Estados Unidos. Ele ficou bastante entusiasmado com a ideia.

— Há vários problemas, entretanto — disse Peggy. — O primeiro é a lei que diz que Bilquis só pode tirar 500 dólares do país.

— Será que... — disse o dr. Wilson acariciando o queixo. — Tenho alguns amigos que podiam... Talvez eu pudesse enviar um telegrama... Conheço um homem na Califórnia...

Depois de alguns dias, Peggy telefonou, toda entusiasmada.

— Bilquis — gritou ela. — Está tudo arrumado! O dr. Bob Pierce dos "Bons Samaritanos" vai custear todas as suas despesas. Você acha que pode se aprontar para partir em sete dias?

Sete dias! Subitamente, a enormidade da ideia de deixar minha terra natal invadiu-me, pois ainda estava convencida de que, se chegasse a partir, seria para sempre.

Wah... meu jardim... meu lar... minha família... Podia eu contemplar seriamente a ideia de deixá-los?

Sim, podia. Não podia considerar nada mais se estivesse verdadeiramente convencida de que essa era a vontade de Deus. Pois eu sabia o que aconteceria se desobedecesse deliberadamente. Sua presença desapareceria.

Nas vinte e quatro horas seguintes, pareceu surgir outra confirmação. Khalid disse-me, enquanto jantávamos, que havia somente um detalhe a ser resolvido, então todos os problemas imobiliários estariam terminados.

— Penso que a senhora pode dizer com segurança, mamãe — disse Khalid —, que a partir de hoje se desfez das propriedades que desejava vender.

Então, subitamente, as portas foram fechadas. Não por Deus, mas por meu país. Foi instituída outra lei que dizia que nenhum paquistanense poderia sair do país, a menos que tivesse pago o imposto de renda. O meu havia sido pago, mas precisava de um recibo do governo. Tinha de obter um certificado de pagamento do imposto de renda. Somente com esse certificado, poderia comprar passagens para os Estados Unidos.

Quatro dos meus sete dias até a partida haviam passado; agora, enquanto meu filho Khalid e eu entrávamos na repartição do governo a fim de conseguir o certificado, só me restavam três. Khalid e eu pensamos que não haveria problema algum, uma vez que meus papéis estavam em ordem.

O escritório ficava numa rua movimentada do centro de Lahore. Entretanto, ao entrar naquele edifício, algo pareceu-me estranho. Estava quieto demais para um escritório burocrático comum onde atendentes correm de um lugar para o outro e sempre parece que alguém está discutindo com um escriturário.

À exceção de um funcionário calvo, sentado à ponta de um balcão, lendo uma revista, Khalid e eu éramos as únicas pessoas ali. Fui até o funcionário e disse o que desejava.

Ele levantou um pouco os olhos e sacudiu a cabeça.

— Sinto muito, senhora — disse ele afundando de novo a cabeça na revista —, estamos em greve.

— Greve?

— Sim, madame — disse ele. — Indefinidamente. Ninguém está trabalhando. Não há nada que se possa fazer pela senhora.

Fiquei parada olhando para o homem. Então afastei-me alguns metros.

— *Ó Senhor* — orei em voz alta, mas de modo que somente meu filho pudesse ouvir — *tu fechaste a porta? Por que então me encorajaste a vir até aqui?*

Então veio-me uma ideia. Será que ele realmente havia fechado a porta? — *Está bem, Pai* — orei. — *Se for da tua vontade que Mamude e eu vamos para os Estados Unidos, terás de fazer que eu consiga esse certificado.* — Um sentimento forte de confiança encheu-me e dirigi-me ao funcionário.

— Bem, o *senhor* parece estar trabalhando — disse eu. — Por que não me dá o certificado?

O homem tirou os olhos de sua revista com uma expressão azeda. Parecia o tipo que ficava feliz em dizer não.

— Já lhe disse, senhora, estamos em greve — grunhiu ele.

— Bem, então quero falar com o oficial encarregado. — Uma coisa eu havia aprendido no meu trabalho com o governo, e era que, quando desejava que algo fosse feito, devia sempre ir à autoridade mais alta.

O funcionário suspirou, deixou a revista e escoltou-me a um escritório adjacente.

— Espere aqui — grunhiu de novo e desapareceu. Do escritório, eu podia ouvir um murmúrio baixo de vozes; o homem emergiu e acenou para que eu entrasse.

Khalid e eu encontramo-nos na presença de um homem elegante de meia-idade atrás de uma escrivaninha riscada. Expus-lhe meu problema. Reclinou-se na cadeira, girando um lápis na mão.

— Sinto muito, madame... madame... como é mesmo seu nome?

— Bilquis Sheikh.

— Bem, sinto muito. Não há absolutamente nada que possamos fazer durante a greve... — Subitamente, uma luz de reconhecimento inundou-lhe os olhos.

— A senhora não é a Begum Sheikh que organizou o *Plano do Viver Simples*?

— Eu mesma.

Ele bateu com os punhos na mesa, levantando-se.

— Bem! — disse ele. Puxou uma cadeira e pediu que me sentasse. — Acho que esse foi o melhor programa que nosso país já teve.

Sorri.

Então o oficial inclinou-se por cima da escrivaninha e disse confidencialmente.

— Agora, vejamos o que podemos fazer pela senhora.

Pediu-me que lhe explicasse precisamente qual era o problema, e eu disse-lhe que deveria estar em Karachi em três dias a fim de tomar um avião para os Estados Unidos. O rosto do homem revestiu-se de um ar resoluto. Levantando-se, chamou o funcionário do balcão.

— Diga ao novo assistente que venha aqui.

— Eu tenho — disse-me ele, em voz muito baixa — um datilógrafo temporário. Ele não faz parte do quadro regular de funcionários e não está em greve. Poderá datilografar o certificado. *Eu mesmo* colocarei o selo. Estou contente em poder ajudar.

Alguns minutos depois, eu tinha o precioso certificado em mãos. Ao sair, tenho de confessar que abanei o papel para o pequeno funcionário, que, surpreso, tirou os olhos da revista o tempo suficiente para ver meu sorriso e ouvir o meu "Deus o abençoe".

Ao deixarmos o edifício do governo alguns minutos depois, Khalid, espantado, mencionou o fato de que havia levado somente vinte minutos para completar a transação toda.

— Isso foi menos do que levaria se todo mundo estivesse trabalhando! — disse ele.

Com o coração em cânticos, tentei explicar a Khalid que o Senhor deseja nossa *cooperação*. Ele deseja agir *conosco*, mediante a oração. Se eu simplesmente tivesse colocado o problema nas mãos do Senhor sem ter dado o passo da fé, jamais teria conseguido o certificado. Tive de dar o passo: fazer tudo o que estava ao meu alcance. Tive de pedir para ver o encarregado do escritório. Assim como Deus pediu a Moisés que batesse na rocha, também nos pede que *participemos* na operação de milagres.

Khalid parecia um tanto espantado com o meu entusiasmo, mas recobrou-se e acrescentou com um sorriso:

— Bem, uma coisa posso dizer, mamãe. Notei que, em vez de "Obrigado", a senhora sempre diz "Deus o abençoe". E sua voz ao dizer isso é a coisa mais linda que jamais ouvi.

Agora que todos os meus papéis estavam prontos, desejei fazer uma viagem rápida a Wah a fim de despedir-me, pois a essa altura estava convencida de que essa viagem levaria mais que quatro meses. Entretanto, ao mencionar o assunto, Khalid disse:

— A senhora não ouviu falar da inundação?

Chuvas torrenciais haviam caído na região entre Lahore a Wah. Muitos quilômetros de terra estavam inundados. O tráfego todo fora bloqueado. O único transporte disponível era o do governo.

Meu coração ficou esmagado. Não me seria permitido nem dizer adeus. O Senhor pedia-me que saísse rapidamente, como Ló, e dizia-me que nem olhasse para trás.

Tinha planejado partir de Lahore na sexta-feira de manhã, dois dias depois. Voaria até Karachi, de onde sairia para os Estados Unidos. Peggy e seu filho começariam a viagem em Nova Délhi. Seu avião, com destino a Nova York, faria escala em Karachi, e Mamude e eu tomaríamos aí o avião. Na manhã de quinta-feira, entretanto, um impulso forte e incomum tomou conta de mim, dizendo-me que não esperasse. Minha ansiedade concentrava-se em Mamude. Certamente que a eficiência da ramificação dos criados havia levado a notícia a Wah de que nós não estávamos fazendo uma simples visita a Lahore, que iríamos deixar o país. Era provável que parentes podiam tentar tirar Mamude de minha influência "corruptora"? Seria eu detida por qualquer pretexto? Um forte sentimento de perigo se apossava de mim.

Não, não esperaria. Partiria nesse mesmo dia. Iria a Karachi, ficaria em casa de amigos, e evitaria, tanto quanto possível, ser vista.

De modo que nessa tarde, depois de fazermos as malas, Mamude e eu dissemos adeus a Khalid e à sua família e corremos para o aeroporto. Voamos de Lahore com um sentimento definido de alívio. Estávamos a caminho!

Karachi era, como me lembrava, uma cidade à beira-mar, aninhada contra o oceano Índico. Uma mistura do antigo com o novo; camelos desajeitados lado a lado com carros de luxo, bazares cheios de moscas esvoaçantes próximos a lojas elegantes com as últimas modas de Paris. Perfeito. A cidade era grande o suficiente para sermos tragados por ela.

Estávamos na casa de amigos, e eu fazia compras em preparação da partida para os Estados Unidos no dia seguinte. Subitamente, uma opressão estranha me invadiu. Fechei os olhos e apoiei-me numa parede pedindo a proteção de meu Senhor. Foi-me dada a orientação de que deveria ir para um hotel nessa noite. Tentei desfazer-me desse sentimento. "Isso é tolice!" disse a mim mesma. Então lembrei-me da história dos magos do Oriente que haviam sido avisados em sonho que partissem por outra estrada.

Logo depois, alojávamo-nos no hotel da Air France no aeroporto de Karachi. Levei Mamude para o quarto tão rapidamente quanto possível, pedi que nossas refeições fossem servidas ali, e, juntos, simplesmente esperamos. Mamude parecia inquieto.

— Por que temos de ser tão reservados, mamãe? — perguntou ele.

— Simplesmente acho que devemos ficar quietos por um pouco de tempo, só isso.

Nessa noite, antes do voo, na cama, acordada, meditava. Por que estava tão apreensiva? Não havia motivo verdadeiro para isso.

Será que meus nervos estavam me dominando? Estava eu reagindo exageradamente às ameaças do passado? O incêndio? Meu sono foi inquieto e durou somente umas horas. Às 2 horas da madrugada, já estava de pé e vestida, de novo impulsionada por um forte sentimento de urgência. Novamente, senti-me ridícula. Não era do meu feitio. A única explicação que eu tinha é que a hora tinha chegado de *deixar o* hotel e que estava sendo *impelida* pelo Senhor. Vesti Mamude, ainda meio adormecido, e coloquei nossas malas junto à porta para que o carregador as levasse.

Eram 3 horas da madrugada. O voo sairia às 5. Mamude, ainda meio dormindo, e eu esperávamos em frente do hotel um táxi que nos levaria ao aeroporto. Olhei para a pálida lua e indaguei de mim mesma se essa seria a última vez que veria a lua em meu próprio país. Uma brisa matinal trazia o perfume de narcisos, e meu coração clamava, pois percebia que não veria meu jardim nunca mais.

Finalmente, o porteiro fez um táxi parar. Mamude e eu entramos. Orei enquanto zigue-zagueávamos através do trânsito. Embora fosse bem cedo, já era intenso o tráfego nas avenidas que levavam ao aeroporto. Quando carros paravam ao nosso lado nos sinais fechados, eu, nervosamente, abaixava-me um pouco mais. "Simplesmente vamos ficar quietos por algum tempo", dizia a mim mesma, tentando parecer tão segura a meus próprios ouvidos quanto o havia sido para Mamude. Não, isso não funcionava. O que eu realmente precisava era orar. — *Senhor, desfaz esse nervosismo. O nervosismo não tem fundamento em ti. Não posso confiar em ti e preocupar-me ao mesmo tempo! Entretanto, se essa urgência procede de ti, Senhor, deve haver um motivo, e obedecerei.*

Ao saltarmos do carro no aeroporto, o ruído ensurdecedor dos motores a jato e a cacofonia de centenas de vozes misturavam-se numa atmosfera de urgência. Meu coração deu um salto ao olhar para cima e ver a bandeira paquistanense, estrela e meia-lua num fundo verde, tremulando à viração suave. Sempre haveria de respeitar essa bandeira, meu povo e a fé muçulmana. Um carregador levou nossa bagagem apressadamente para o balcão de embarque e, com gratidão vi-a desaparecer.

Só 20 quilos de bagagem para cada um. Sorri ao pensar em nossas viagens de família em outros tempos no interior quando levávamos milhares de quilos de bagagem para uma estada de somente algumas semanas, e minhas irmãs ainda reclamavam das roupas que não podiam levar.

Tínhamos uma hora de espera antes da partida. Conservando Mamude a meu lado, senti que era melhor que nos misturássemos à multidão do aeroporto, de modo que não fôssemos percebidos. Mas não podia desfazer-me do sentimento de perigo iminente. De novo, repreendi a mim mesma pela preocupação desnecessária. "O Senhor está no controle", dizia a mim mesma. "Ele me dirigirá para fora desta situação. Tudo o que preciso fazer é obedecer."

Então Mamude pediu para ir ao banheiro. Descemos o corredor até o banheiro dos homens. Esperei no corredor.

Subitamente, o alto-falante anunciou nosso voo.

— Pan Am, para Nova York. Passageiros, preparem-se para o embarque.

Senti o coração apressar-se. Onde estaria Mamude? Devíamos ir!

Finalmente, a porta do banheiro masculino abriu-se. Mas quem saiu foi um sique de turbante.

Cheguei para mais perto da porta. O que eu estava fazendo? Certamente que mulher alguma num país muçulmano seria apanhada entrando num banheiro masculino, ainda que à procura de um menino de 9 anos que estivesse perdido.

Anunciavam novamente nosso voo.

— Pan Am, para a cidade de Nova York. Todos os passageiros devem dirigir-se ao portão de embarque.

Oh, não! Meu coração clamava. Eu tinha de fazer algo. Empurrei a porta do banheiro dos homens e gritei:

— Mamude!

Uma vozinha respondeu:

— Já vou, mamãe...

Dei um profundo suspiro de alívio e me apoiei na parede. Logo Mamude saiu.

— Onde você estava? Por que demorou tanto? — gritei.

Não tinha importância. Não esperei resposta. Tomei a mão do menino, e saímos correndo. Descemos apressadamente o longo corredor até o portão de embarque. Estávamos entre os últimos passageiros a embarcar.

— Nossa, mamãe! — gritou Mamude. — Que nave!

Que nave, deveras! O 747 era enorme. Estávamos emocionados. Nunca tinha visto um avião tão grande assim.

No instante em que ia entrar no avião, hesitei por uns segundos, sentindo o último toque do solo paquistanense.

Contudo, tínhamos de continuar andando. Dentro do avião, que para mim parecia um auditório, uma aeromoça levou-nos a nossos lugares. Onde estaria Peggy? Que faria eu nos Estados Unidos sem ela?

Então, lá estava ela! Vinha pelo corredor ao nosso encontro. Peggy abriu os braços e abraçou-me.

— Oh, preciosa senhora! — exclamou ela. — Eu estava tão preocupada. Não pude vê-la na multidão no portão de embarque! — Expliquei o que tinha acontecido, e Peggy pareceu aliviada. Apresentou-nos a seu filho que a acompanhava. — É uma pena que não possamos sentar juntos — disse ela. — Tivemos de aceitar os lugares que nos deram.

Francamente, não importava. Minha mente estava totalmente absorta em outras coisas. Ocupava-se inteiramente com o fato de eu estar deixando minha terra natal. Sentia-me triste, é verdade, mas ao mesmo tempo *completa*. Não podia compreender isso.

Logo Mamude estava sendo ele mesmo. Fez amizade com uma aeromoça que o levou à cabina do piloto. Mamude voltou maravilhado. Fiquei contente. A aeromoça pediu-nos que apertássemos o cinto de segurança. Olhei para fora da janela e vi os primeiros raios da aurora dardejando o céu oriental. Os motores ressoaram, e uma onda de emoção encheu-me. Nossa nave começou a descer a pista. Olhei para trás de mim, mas não pude ver Peggy.

No entanto, o rosto de Mamude estava comigo, próximo ao meu. Rebrilhava de emoção enquanto os motores a jato explodiam em trovoada na decolagem. Tomei a mão de Mamude e comecei a orar.

— *E agora, Senhor? De novo invade-me o sentimento de* completude*! Tu me tiraste de minha pátria, como Abraão. Não sei o que vem em seguida, porém estou completa, satisfeita por estar contigo.*

Naquele instante, nem o embaraço das lágrimas nem o nervosismo me incomodavam. Tudo o que sabia era que tinha obedecido ao Senhor em tudo. E tinha de admitir que nunca realmente saberia o que podia ter acontecido se não tivesse seguido sua ordem para marchar.

Luzinhas passavam a toda velocidade pela janela, e repentinamente o barulho de rodas abaixo de nós cessou. Estávamos no ar! À luz da aurora, podia ver o contorno da costa do Paquistão recortado no oceano Índico que ficava para trás abaixo de nós.

Ergui as mãos para Deus. Ele era minha única segurança, e minha única alegria era permanecer em sua presença. Enquanto pudesse permanecer ali sabia estar vivendo na glória.

— *Obrigada, Deus* — murmurei. — *Obrigada por me permitires viajar contigo.*

Epílogo

1978 — Seis anos se passaram desde o dia em que vi minha terra natal desaparecer na cerração. O pressentimento de que eu não veria mais o Paquistão fora profético.

Nunca mais voltei. A curta visita foi prolongada por vários motivos. Em primeiro lugar, meus amigos advertiram-me de que era melhor para mim e Mamude — um jovem robusto de 15 anos de idade, agora chamado David — que não voltássemos. Outras pessoas e autoridades em meu país haviam-me dado mensagens semelhantes. Em 1976, houve uma reunião do Congresso Islâmico Mundial na qual foi aprovada uma resolução conclamando a retirada do Paquistão de todas as instituições cristãs estrangeiras, estações de rádio e missionários. É evidente que eu não seria bem recebida de volta ao Paquistão agora.

O que é mais importante, o Senhor tornou bem claro que devo permanecer aqui; parece existir nos Estados Unidos grande necessidade de ouvir minha mensagem. Isso me foi mostrado em visão, logo depois de chegar a este país. O Senhor estava de pé em meu quarto. Pediu-me que falasse de seu fardo às igrejas; que haveria uma separação das ovelhas dos bodes e que o juízo começaria pela casa do Senhor. Retraí-me ante a tarefa; não cabia a mim dizer aos outros dos seus fracassos. Neste país, eu era visitante e cristã nova. De modo que perguntei:

— *Por que eu, Senhor?*

Em resposta, seus olhos encheram-se de tanta preocupação e agonia pelas igrejas que caí de joelhos prometendo obedecer-lhe. Entretanto, humana e fraca como sou, ainda hesitava. Vinha isso realmente do Senhor ou procedia de mim mesma? De modo que fiz a prova do velo de lã, dizendo: — *Se me levares no Espírito, Senhor, então nada no mundo me impedirá de falar.* — Assim que minha cabeça tocou o travesseiro, fui arrebatada em Espírito, e uma grande luz envolveu-me como se me ungisse para a tarefa.

Clara e inequivocamente, o Senhor ordenou-me que honrasse e glorificasse seu nome e falasse de sua misericórdia e amor a igrejas e grupos em todos os lugares.

Então, como confirmação posterior de sua direção, praticamente todas as visões que tive no Paquistão se cumpriram exatamente como as vira anos antes. Tenho visto pessoalmente algumas cidades e igrejas norte-americanas que me foram mostradas claramente em sonhos.

Uma confirmação muito espantosa de que o Senhor pode falar a nós mediante visões foi-me dada pela sra. Horold B. Wold, cujo marido é pastor da Igreja da Missão do Farol em Portland, no estado de Oregon. Ela escreveu-me contando uma visão que teve nos Estados Unidos mais ou menos na época em que o Senhor falou comigo pela primeira vez no Paquistão, alguns anos atrás. "Eu andava e orava em minha sala de estar", escreveu ela, "quando subitamente o poder do Senhor veio sobre mim tão fortemente que senti como se meus pés não tocassem o solo. À minha frente, estava a visão mais linda. Era uma mulher de pele mais escura, usando um sari; de alguma forma, eu sabia que ela pertencia à nobreza. Estava de frente para mim e ficou ali parada por um longo tempo, e eu sabia que, ao encontrá-la, haveria de reconhecê-la. Quando você veio falar em nossa igreja, reconheci-a como a senhora de minha visão."

Hoje, vivo um instante de cada vez, esperando para ver o que o Senhor há de fazer em seguida comigo e com meu tempo. Uma coisa sei: devo testemunhar dele. Ainda mais, devo estimular os norte-americanos a reconhecerem a liberdade que têm de adorar a Cristo. E também devo orar por meu próprio país. Não posso testemunhar ao povo de lá diretamente, mas, quando alguns vêm visitar-me, como já o fizeram minhas filhas Tooni e Khalida, e meu filho Khalid planeja fazer, então posso falar livremente. Outros de minha família e amigos, provavelmente nunca mais verei. Mas oro por eles regularmente. Oro por todo o povo muçulmano, tão perto de Deus, e ainda tão longe. Um povo que acredita ser a salvação uma provação que nunca termina de boas obras. Oro para que encontrem o Cristo vivo que *é* a salvação e que o encontre antes de sua segunda vinda.

Penso em Nur-jan e Raisham e em todos os cristãos que deixei para trás. Ao mesmo tempo que me preocupo com eles em seu andar solitário, tenho a certeza de que o Senhor está cuidando deles também, pois ele prometeu: "Não vos deixarei órfãos, voltarei para vós outros" (João 14.18).

Passei uma procuração a Tooni e pedi-lhe que separasse fundos para o salário de um ano dos empregados. Todos haviam se tornado como membros da família, e eu queria fazer tanto quanto podia para que começassem com segurança em seus novos empregos.

Meus jardins e minha casa? Sei que os jardins de Wah foram desapropriados pelo governo, por causa de seu significado histórico. Mas, quando pergunto acerca de minha casa, onde me encontrei com o Senhor, dão-me respostas vagas. Talvez minha família e amigos não desejem que eu saiba da triste condição em que se encontra. O que eles realmente não podem compreender é que Wah agora pertence ao passado. As coisas do mundo já não têm sentido para mim.

Agora meu lar é com o Senhor. Minha família em Cristo é minha nova família. Estou vivendo na nova Jerusalém. É um lugar onde tenho de tudo e ao mesmo tempo não tenho nada. Tenho aprendido dolorosamente, passo a passo, que, quando não temos nada, então é que o Senhor pode realmente começar a operar por meio de nós, pois é nesse instante que começamos a viver, com maior segurança, em sua glória.

Esta obra foi composta em *Adobe Garamond Pro*
e impressa por Gráfica Corprint sobre papel
Polen Bold 70g/m² para Editora Vida.